LUOJIXUE HEXIN LILUN
TANJIU JI LISHI FAZHAN FENXI

逻辑学核心理论

探究及历史发展分析

李志国◎著

中国水利水电出版社
www.waterpub.com.cn

内 容 提 要

本书主要内容包括绪论、逻辑学的历史与现状、论证与论辩、命题逻辑、词项逻辑、谓词逻辑、模态逻辑、归纳逻辑等,力求将传统逻辑与现代逻辑的基本内容结合起来,既注重知识的完整性,也突出了实用性,可供从事相关工作的人员参考使用,是一本值得学习研究的著作。

图书在版编目(C I P)数据

逻辑学核心理论探究及历史发展分析 / 李志国著
. -- 北京 : 中国水利水电出版社,2015.7(2022.9重印)
ISBN 978-7-5170-3489-6

Ⅰ. ①逻… Ⅱ. ①李… Ⅲ. ①逻辑学—研究 Ⅳ. ①B81

中国版本图书馆CIP数据核字(2015)第185893号

策划编辑:杨庆川 责任编辑:陈 洁 封面设计:崔 蕾

书 名	**逻辑学核心理论探究及历史发展分析**
作 者	李志国 著
出版发行	中国水利水电出版社
	(北京市海淀区玉渊潭南路 1 号 D 座 100038)
	网址:www. waterpub. com. cn
	E-mail:mchannel@263. net(万水)
	sales@mwr. gov. cn
	电话:(010)68545888(营销中心)、82562819(万水)
经 售	北京科水图书销售有限公司
	电话:(010)63202643、68545874
	全国各地新华书店和相关出版物销售网点
排 版	北京鑫海胜蓝数码科技有限公司
印 刷	天津光之彩印刷有限公司
规 格	170mm×240mm 16 开本 16.25 印张 211 千字
版 次	2015年11月第1版 2022年9月第2次印刷
印 数	2001-3001册
定 价	48.00 元

凡购买我社图书,如有缺页、倒页、脱页的,本社发行部负责调换

前　言

　　逻辑学是分支众多的一门学科,就其理论体系而言,它是一个多层次、多分支的庞大系统。它的对象可分为不同的层面,因而再现对象的体系可分为不同的逻辑学科体系。任何一门逻辑学科,都有其理论的科学体系和教学体系,科学体系追求完善,而本书讨论的形式逻辑讲求实用,不像科学体系要求那么严格和精密。

　　逻辑学有传统形式逻辑和现代形式逻辑之分。前者是指以亚里士多德的古典逻辑为主延续到近代这一阶段的逻辑理论;后者是指从布尔开始至今以数理逻辑为主的逻辑理论。传统形式逻辑与现代形式逻辑相比,其理论虽然显得陈旧,但由于它处理、讨论的推理形式是人们日常思维广泛使用的推理类型,更贴近人们的思维实际,适用性强,有其生命力。所以,形式逻辑的教学体系不能没有传统逻辑的内容。现代形式逻辑无论其形式的精确性和严密性,还是其内容的丰富性和深刻性,都已大大超过了传统逻辑,更适用于现代思维和科学技术研究。

　　基于以上考虑,本书兼容并蓄,一方面以现代形式逻辑的基础理论为主体内容,另一方面又纳入传统逻辑的精华部分,并立足于现代逻辑理论的高度审视传统逻辑的内容,使二者在形式逻辑学理论体系有机结合起来。

　　当前,科学技术的飞速发展、不同文化的交汇碰撞,呼唤着人们的理性思维,而传统逻辑正是构建人类思维大厦的基石,是孕育现代逻辑百树千花的沃土,在人们的日常思维中仍有着它不可替代的作用。能在这片沃土上耕耘,为各位读者略尽绵薄之力,吾愿足矣。

作 者

2015 年 5 月

目　录

第1章 绪论

当前,科学技术的飞速发展,不同文化的交汇碰撞,呼唤着人们的理性思维,而传统逻辑在构建人类思维中仍有着不可替代的作用。

一切学科都是应用逻辑,学习和掌握逻辑学的基本知识,对于提高人们的逻辑思维能力,指导人们正确思维和成功交际等都有十分重要的意义。本章着重介绍逻辑学的基本含义,性质作用以及主要的争议和范畴等,以便加深人们对逻辑学的认识。

1.1 逻辑的含义

1.1.1 逻辑之词源

"逻辑"一词的英文为 Logic,源出于希腊文的"逻各斯"(logos,复数形式是 logoi)。逻辑学的基础性地位,得到世界各国和地区学者的普遍认可,否认逻辑学如同否认"数理化天地生"等学科的基础性地位一样。"逻各斯"的基本词义包括言辞、理性、规律、思想、推理、论证等等。

逻辑学是人类正确细微和有效交际的普遍工具。作为一门学科或科学,西方的 Logic 从明代开始就传入中国。逻辑在中国古代叫名辩,即研究语言表达和辩论技巧的学问。中国第一个把西方的 Logic 译为汉语"逻辑"的人是著名思想家严复,自此之后慢慢流行开来。

1.1.2 逻辑之含义

逻辑是全人类认识交际的必要工具,根据我们的理解,可以认为把逻辑学定义为关于推理和论证的科学。

何谓推理?说话写文章和交流思想,都渗透逻辑,体现逻辑素养的高低。而进行逻辑的推理有助于正确的表达。在形式上,推理表现为一个命题序列,在已有的基础前提上,给命题进行一个有效的、合乎逻辑的结论。下面两个都是推理:

①如果它是一部获奖作品,那么,它就一定是一部优秀作品。《冬天里的春天》是一部获奖作品,可见,它是一部优秀作品。

②甲队只有体力强、技术高、配合好,才能战胜乙队。甲队或者体力不强,或者技术不高,或者配合不好,所以,甲队不能战胜乙队。

何谓论证?论证是用某些理由去支持或反驳某个观点的思维过程。一个完整的论证通常由论题、论据和论证方式三个部分组成,其中论题是论证者所主张并且要在论证中加以证明的观点,论据是用来证明论题的理由或观点,论证方式则是把论题与论据联系起来的形式或方法。下面两个例子都是论证:

①小张手中的物体肯定不是金属,因为,任何金属都是导电的,经检验,该物体并不导电。

②落后就会挨打,中国不想挨打,所以,中国不想落后。

任何一个论证其实质也就是一个推理:论据相当于推理的前

提,论题相当于推理的结论,论证方式相当于从前提到结论的推理形式。当然,论证与推理也有不同的地方,其主要不同在于:作为推理,我们只关注从前提到结论的过程,至于前提本身的真,我们并不太关心,但作为论证,我们不但关注论证方式,更关心论据的真从而确保论题一定为真。

逻辑研究推理,但它并不研究推理中关于前提与结论所涉及的具体知识,那是各门具体科学的事情。逻辑学研究推理只是从思维方法、形式结构的层面研究我们进行推理时应该使用的方法、技巧、标准和原则。运用这些方法、技巧、标准和原则,我们就可以区分出什么是有效的推理,什么是无效的推理。对于我们通过推理所获得的结论,有了逻辑这门学科,我们就能够依据一定的标准和原则来支持这些结论、修改这些结论或者驳斥这些结论。

推理渗透在我们人类社会的一切活动之中,无论我们讲什么语言,我们是什么肤色,只要我们在行动,我们总是在进行了某种形式的推理之后,再来实施这些行动的。人类的实践过程,也是一个不断进行推理的过程。推理是人类实践活动的本质特性,逻辑则是对这种实践特性的理论概括,人类社会生活对推理理论的需要使得逻辑学的出现成为可能,并进而成为一门不断成长发展的学科。

逻辑学家对于几乎有关推理的所有事情都感兴趣,但逻辑学家关注的有关推理的中心问题总是其前提和结论之间的逻辑关系。逻辑学家并不能够考察有关推理的全部问题,因为推理作为一个思维过程,还包含着逻辑要求之外的东西,例如推理的心理因素、推理的伦理因素、推理的人种因素、推理的文化因素等等。逻辑学家对推理的考察是把推理放在理性的层面上来考察,不管那些非逻辑的因素的。这个理性的层面表现为对论证这一推理的产出品的考察和评估。

　　逻辑学对论证关注的主要是：当我们接受一个结论时，我们接受这个结论的依据是什么？有什么理由和原则来保证论据和论题之间的推出关系？也就是，逻辑学要研究什么样的论证是可以接受的，什么样的论证是值得怀疑的，什么样的论证是不能接受的。逻辑学以此为标准将论证区分出好的论证和坏的论证。

1.2　逻辑学的对象和体系

　　逻辑不仅在词义上具有多样性，而且不同的学者对逻辑研究对象的理解也有明显差异。有人从狭义的角度下定义，认为逻辑是研究有效推理的理论，而有效推理就是从真前提必然地得出真结论的推理。有人则从广义上来理解，认为逻辑研究的是正确思维，他们还对"正确思维"作了宽泛的诠释。例如：

　　①实现四个现代化是我国半个多世纪以来全部革命过程的合乎逻辑的继续。

　　②无论是讲话还是写文章，思考都要周密，要合乎逻辑。

　　③干部要学点逻辑。

　　④无知就是幸福——这是庸人的逻辑。

　　"逻辑"一词在例①中表示客观事物发展的规律，在例②中表示思维规律，在例③中指逻辑科学，在例④中则指一种观点、看法。

　　顾名思义，由逻辑一词的含义可知，逻辑学是关于思维的科学。逻辑学研究思维，重在研究思维的逻辑形式及其规律，同时也涉及一些简单的逻辑方法。

思维的逻辑形式是内含在具体命题或推理中的一种深层次的结构。人们在进行理性思维活动时,有些问题并不是出在具体内容上,而是出在形式结构上。例如:

[1]p 或者 q;非 p,所以,q。

[2]p 或者 q;p,所以,非 q。

[1]和[2]是两个不同的推理形式。"所以"之前的命题是前提;"所以"之后的命题是结论。前提和结论中的 p 和 q 是变项,可以代入具体的命题。假如代入之后的前提都是真的,结论是否必然为真呢? 如果结论必然为真,则这个推理形式正确(有效);反之,这个推理形式不正确(无效)。

我们可以证明[1]是正确的。例如,我们用"王敏能歌"和"王敏善舞"分别代入[1]中的 p 和 q,那么前提分别是"王敏能歌或者善舞"和"并非王敏能歌",结论是"王敏善舞"。再用"林玲选修希腊哲学史"和"林玲选修中世纪逻辑"分别代入[1]中的 p 和 q,那么前提是"林玲或者选修希腊哲学史或者选修中世纪逻辑"和"并非林玲选修希腊哲学史",结论是"林玲选修中世纪逻辑"。我们还可以继续用其他的命题代入 p 和 q,都不会出现前提真而结论假的情况,也就是说,只要前提都真,结论必然为真。

[2]却不然。用具体命题代入之后,可以使前提都真,而结论不一定真。例如,当我们用"王敏能歌"和"王敏善舞"分别代入[2]中的 p 和 q,这样,前提分别是"王敏能歌或者善舞"和"王敏能歌",结论是"王敏不善舞"。

马克思认为,语言是思维本身的要素,是思想的直接现实。思维的形式结构是通过语言来表达的,语言外化、凝聚着思维,"思想就是使用语言"(朱光潜语)。因此,逻辑要研究思维的形式结构及其规律,首先就要研究表达思维的语言,要研究语言表达式的意义。美籍著名学者成中英教授在论及"现代逻辑的分析方法"时,提出"应对人类思想,以及这个思想所藉以表示的语言媒介,做出新的认识"。在他看来,19世纪所出版的关于传统逻辑的书,一开始就对语言作分析,对语言所代表的思想内涵结构作分析;并且认定,语言的存在主要是为了表达一个思想;而这个思想的基本单元就是命题,命题虽是思想单位,却不一定是语言的意义单位。基于对语言媒体的事实分析,人们又发现,语言里的词是意义的基本单元。这样,可能就有两个出发点,一个是以词为代表的意义基本单元,另一个是以命题为代表的思想基本单元。如何用语言结构及其意义单元来表达思想结构及其命题单元,也就成为形式逻辑推理发展的一个新方向。这也是自古典的形式逻辑产生以来所追求的基本课题"。①

可见,思维的发生源于社会实践活动;思维的内容来自客观世界;思维的实质是整理加工感性认识材料的过程(其中最重要的是抽象和概括)。而这整个加工过程就是不断地在实践中形成概念、判断,并运用已有的判断进行推理,进而得出新的判断的过程。人类对客观世界的认识,就是遵循实践→认识→再实践→再认识的认识规律,在这种循环往复、不断深入的思考当中得以深化的。这种全面地、创造性地进行思考的能力是只有人脑才具有的,因此,思维是人脑特有的机能,是人脑对客观事物的间接和概括的反映。

思维内容离不开思维形式,思维形式即承载思维内容的方式,概念、判断、推理是三种基本的思维形式,判断、推理又可区分为多种类型。这三种思维形式彼此既有联系又有区别。概念是思维活动最基本的元素;判断是由概念组成的,又为推理提供了前提和结论;推理则是主要的思维形式,是人们认识世界、获取新

①　成中英:《轮中西哲学精神》,东方出版中心1991年版,第26页。

知的重要手段,人的思维活动主要依靠推理来实现。

逻辑学研究思维,不是研究思维的具体内容,而是研究思维形式,更准确地说,是研究各种类型的判断、推理(特别是推理)的逻辑形式。所谓思维的逻辑形式(或思维的结构形式),也就是对各种类型的判断、推理从结构方面予以抽象化的结果。无论是哪一种类型的判断(或推理),必然有一定的结构形式。如果把内容不同的同一种类型的判断放在一起进行比较分析,就会发现它们在结构形式上的相同之处。例如:

①智力是人类认识客观事物并作出适当反应的一种能力。

②菱形是四条边长相等的四边形。

③罗盘是用指南针确定方向的仪器。

从结构形式上看,这三个判断各自都有一个判断对象,都有一个与该类对象事物相关的属性,也都有一个表明对象与属性关系的判断词"是"。因此,如果用 S 代表判断的对象,用 P 代表与这类对象相关的属性,那么,它们共同具有的结构形式就可以表示为:S 是 P。这一结构形式也就是包括上述三个判断在内的这种类型判断所共同具有的逻辑形式。又如:

①文学是人学,古典文学是文学,所以古典文学是人学。

②凡年满 18 周岁的公民都是有选举权的,某班学生都是年满 18 周岁的公民,所以某班学生都是有选举权的。

这是两个内容完全不同的推理。在各自的推理中,如果相同的概念用同一个字母表示,不同的概念用不同的字母表示,那么就可以得到它们共同具有的推理形式:

$$M \text{ 是 } P$$
$$S \text{ 是 } M$$

$$\therefore \quad S \text{ 是 } P$$

如果完全用符号语言来表示,那么,这一推理形式就是:

MAP

SAM

∴ SAP

这一形式也就是包括上述两个推理在内的这种类型的推理所共同具有的逻辑形式。可见,思维的逻辑形式也就是具有不同思维内容的某种类型的思维形式所共同具有的一般形式结构。它们正是从大量具体的判断及推理中抽象出来的。逻辑学研究的对象就是这些抽象的形式,研究这些形式各自的特点及其变化规律,从而明确指出在人们的思维活动中哪些形式是不适用的,哪些是普遍适用的,哪些是有条件适用的,运用这些形式时需要注意哪些问题等等。

思维的逻辑形式是由逻辑常项和逻辑变项两部分组成的。逻辑常项是该逻辑形式被还原为具体的判断(或推理)时固定不变的部分;逻辑变项是该逻辑形式被还原为具体的判断(或推理)时可变的部分。例如,上述判断形式中,S、P 都是逻辑变项,"是"是逻辑常项。上述推理形式中,M、S、P 都是逻辑变项,A 是逻辑常项。

人们在思维活动中要运用多种类型的判断形式和推理形式。在一个思维过程中,各种逻辑形式之间及其内部的各个组成部分之间有一定的内在联系,这种内在的联系就是逻辑规律。逻辑学研究思维的逻辑形式是为了揭示思维的逻辑规律,以便帮助人们正确认识并掌握这些规律,使得人们在思维活动中具有思想的确定性、无矛盾性、明确性、论证性,在表达思想时能够做到清晰、准确、严密、合乎条理。

关于逻辑形式的规律有许多,其中有些只适用于部分逻辑形式,被称为规则。有些普遍适用于各种思维形式,是思维活动所必须遵循的前提,被称作思维的基本规律。在普通逻辑学中,公认的逻辑基本规律有三条,即同一律、矛盾律、排中律。例如,"转基因食品是有害的"与"转基因食品不是有害的"这两个判断是不可能同时成立的。讲话人对于这样两个互相否定的判断若同时断定为真,那么就违反了思维的基本规律中矛盾律的逻辑要求,犯了自相矛盾的逻辑错误。

总之,逻辑是关于思维的形式结构及其规律的科学,它的内在真正的对象是思维。思维的逻辑规律是有客观依据的,是客观事物最普遍的关系在人们头脑中的反映,是经过人们的长期实践才被认识和确定下来的,因此是有客观基础的,对于人们的思维活动具有制约作用和规范作用。

逻辑学除了研究思维形式及其规律外,还涉及一些简单的逻辑方法。所谓简单的逻辑方法,即在认识事物的性质和关系的过程中,与思维形式的运用有关的一些抽象化的思考方法,如分析、综合、抽象、概括、比较、探求现象间的因果联系的方法、明确概念的逻辑方法等。

人类的思维活动是通过语言得以实现的,无论使用哪一种思维形式存储或表达思维内容,都离不开语言。撇开语言这种外在的表现形式,人们是难以探究封闭在大脑这个"黑箱"中的思维。可以说思维是借助于语言来实现对客观事物的反映的,因此,思维与语言之间有密不可分的联系,具体地表现为思维的形式与语言形式总是紧密联系在一起。

1.3 逻辑学的性质和作用

1.3.1 逻辑学的性质

逻辑学是一门基础科学,属工具性学科,它无时无处不在发生作用。逻辑学科的这一性质是由它特殊的研究对象所决定的。众所周知,根据唯物辩证法的观点,人的认识可以分为感性认识和理性认识两大部分,所谓感性认识,就是人凭借自己的感觉器官对对象所进行的认识,我们常说的"我看到……""我听到……""我闻到……"等等,就是感性认识的通俗形式。感性认识是具体、生动、直观。而理性认识,就是指在感性认识的基础上,对思维对象的本质、抽象的、间接的内在把握,它是通过概念、命题、推理与论证来认识对象。

例如,天文学是研究天体的结构及其演变的;物理学是研究物体的运动变化规律的;逻辑学是研究思维形式、思维方法、思维规律的。如果从知识内容来看,除逻辑学外,其他各门科学都为人们提供了某一领域的具体科学知识,唯独逻辑学告诉人们的是关于思维自身的知识,也就是说,除了对思维形式的认识外,它不能给人们直接提供任何有具体内容的知识。

然而,在具体的思维活动中,思维形式和思维内容又是密切相关的,没有无思维形式的思维内容,也没有无思维内容的思维形式。自然,研究各种思维内容的各门具体科学都需要运用各种思维形式,因而也就离不开研究思维形式的逻辑学。

逻辑学自产生之日起,它的创始人亚里士多德(Aristotle,公元前 384 年—公元前 322 年)就已把它作为工具科学来看待了,后人曾把他的逻辑著作汇编成册,定名为《工具论》。英国哲学家、逻辑学家(Nathaniel Bacon,1647—1676 年)培根也把自己的逻辑学著作命名为《新工具》。现在,逻辑学的工具性质已得到大家公认。

由于逻辑是一门追求严密性与精确性的科学,因此,自然语言与人工语言的上述不同特点,就决定了现代逻辑相对传统逻辑更为精确、更为严密和拥有更大包容量,在处理和解决问题上的能力更加强。由此可见,只有掌握了逻辑学的知识,才能自觉地正确运用各种思维形式,做到概念明确、判断恰当、推理合乎情理等,进而才有可能构造一个具有确定性、无矛盾性、论证性的,亦即合乎逻辑的会话、演说、论证乃至于思想或科学体系。

1.3.2　学习逻辑学的作用

以推理为主的研究对象的逻辑学科在 21 世纪的发展前景如何? 逻辑发展的主要动力将来自何处? 逻辑形式与规律的认识,从人类思维表达实际中概括出来,反过来约束规范人们的认识交际活动。培根说:"史鉴使人明智;诗歌使人巧慧;数学使人精细;博物使人深沉;伦理之学使人庄重;逻辑与修辞使人善辩。"①

逻辑思维能力的提高,有助于人们正确地认识客观事物,获取新的知识;有助于人们准确地表达思想,进行严密识别、驳斥谬误与诡辩。逻辑学主要作用体现在以下几个方面:

---

① 中国人民大学哲学院逻辑学教研室. 逻辑学[M]. 北京:中国人民大学出版社,2014

（1）有助于人们由已知推出未知，探求新知识。

逻辑学之所以具有这种作用，是因为人们认识的任务是把握事物的本质与规律，事物的本质和规律无法直接感知，必须依靠思维推理来把握，而逻辑学所揭示的思维形式结构，恰恰是人进行正确推理的有效工具。

在司法实践中，常常要借助逻辑提供的知识和方法，由已知推出未知。在侦查活动中，侦破人员运用有关逻辑知识，由已知的案发事实和专门调查中所获得的证据材料以及以往的侦查经验，推出关于案件真相的结论，就说明了逻辑学具有帮助人们由已知推出未知，探求新知识的作用。

（2）有助于人们准确表达和论证思想。

人们生活在世界上，总要通过口语或文字等手段，把自己的思想表达出来，以达到相互间的思想交流。为了能使别人理解、接受自己的观点，表达就必须作到清楚准确，论证合乎逻辑。而做到这些，就要求人们不但要做到概念明确、判断恰当、推理有逻辑性，而且还要恰当地运用一定的论证方法，遵守论证方面的逻辑规则。不言而喻，这些都涉及逻辑知识。因此，掌握逻辑知识对于准确表达思想来说，具有重要的作用。

例如，某报社刊登了一篇关于知识分子作用的文章，其中有这样一句话："没有知识分子就搞不成四化。"文章发表后，一位工人读者提出了意见："没有知识分子就搞不成四化，难道没有我们工人就搞得成四化吗？这不是否定我们工人的作用吗？"事实上，运用必要条件假言判断的知识加以分析，就可以断定这篇文章的观点没有错误。

又如，某顾客去商店买酒，他选了一瓶酒，看了看，不满意，就要求售货员给他换一瓶。随后，他拿起那瓶酒就走。售货员见状，忙喊道："先生，您还没给钱呢！"这位顾客说："啊，我这一瓶是用那一瓶换的。"售货员说："那一瓶您也没给钱呀?"顾客回答说："那一瓶我没拿呀,那不是还在你的柜台上放着吗?"很显然,这位顾客是在为自己的行为进行诡辩。要驳斥各种诡辩,也需要逻辑学的知识。

另外,要想更好地论证自己的观点、准确地表达思想,也同样需要逻辑知识。诸如列宁在演说中说的,逻辑好像万能的触角,用钳子从各方面把你钳住,无法脱身。

(3)有助于人们识别谬误和揭露诡辩。

在实际生活中,人们对事物的认识不一定正确或全面,也有人故意违反逻辑进行诡辩。如果我们很好地掌握逻辑知识,就能够及时快速地发现这些谬误,识破这些诡辩伎俩,从而有力地对它们进行反驳或揭露。

例如,有人说："杀人、抢劫是犯法的,我又没有杀人抢劫,犯什么法?"还有人说："资本家是讲利润的,我们也讲利润,岂不是也成了资本家?"诸如此类的论证,对于具有逻辑知识的人来说,其错误一目了然,反驳它也就容易击中要害。但是,对于缺乏逻辑知识的人来说,即使知道它错,也难以弄清错在哪里,反驳也就难以做到准确有力。因此,掌握逻辑知识对于提高识别逻辑错误和揭露诡辩的能力也是大有裨益的。

掌握了逻辑学知识,可以提高人们的认识水平、思考能力、论辩能力和办事效率。既然如此,那么,怎样才能学好逻辑学呢?

由于逻辑学主要研究思维的逻辑形式,自然离不开符号和术语,而且各种规则也比较多,刚开始接触时容易产生畏难情绪。要学好逻辑学,首先就要克服畏难情绪,树立自信心,相信自己一定能学好。其次,要做到深入理解并掌握理论知识,能够紧紧把握各个知识点之间的联系。最后特别要注意理论联系实际,通过大量习题以及一切实践机会来及时巩固已有的理论知识,做到举一反三,知其所以然,这样就能学好逻辑学。

1.4 逻辑学的范畴

尽管逻辑学在二十世纪上半叶曾几乎完全被演绎逻辑取代。但迄今为止,逻辑学的范例仍有亚里士多德逻辑、数理逻辑、模态逻辑、非形式逻辑、哲学逻辑、逻辑与计算等。

1.4.1 逻辑学的常见区分

随着逻辑学的发展,许多区分已被引入到逻辑学之中。这些区分帮助我们把不同形式的逻辑学当作一门科学。

1. 演绎逻辑与归纳逻辑

逻辑学研究的是前提与结论之间的支持关系。这种支持关系有必然支持和或然支持之分。前提必然支持结论的推理被称为必然性推理或必然推理。前提可能支持结论的推理被称为或然性推理或者或然推理。

根据逻辑学的研究对象是必然性推理还是或然性推理,逻辑学被分为演绎逻辑和归纳逻辑。演绎逻辑(Deductive Logic)研究的是从前提必然推导出结论的推理。演绎逻辑有时又被称为演绎推理(Deductive Reasoning)。归纳逻辑(Inductive Logic)研究的是前提真结论可能为真的或然性推理。归纳逻辑有时又被称为归纳推理(Inductive Reasoning)。演绎逻辑的对象是演绎论证的分析与评价,其中所包含的推理是演绎推理,这是一种必然性推理,评价演绎论证的标准是演绎有效性。归纳逻辑的对象是归纳论证的分析与评价,其中所包含的推理是归纳推理,这是一种或然性推理,评价归纳论证的标准是归纳有效性或归纳强度。

2. 形式逻辑与非形式逻辑

语言通常可分为自然语言和形式语言两大类。有时后者又被人们称为人工语言。基于形式语言的推理被称为形式推理,而基于自然语言的推理被称为非形式推理。

根据逻辑学的研究对象是形式推理还是非形式推理,逻辑学又被分为形式逻辑(Formal Logic)与非形式逻辑(Informal Logic)。形式逻辑有传统形式逻辑和现代形式逻辑之分。传统形式逻辑又称"传统逻辑",一般是指亚里士多德的词项逻辑和斯多葛命题逻辑。

现代形式逻辑又叫做"符号逻辑"(Symbolic Logic)或者"现代逻辑"(Modern Logic),它试图用形式系统来把握逻辑真理或逻辑推论的本质,其中,形式语言是由一组离散符号、一套语法以及一个语义表达式组成。然后,根据推演规则与公理运算出一些定理。

非形式逻辑是用于研究自然语言论证的逻辑,其对象是非形式推理的分析、评价与建构。非形式逻辑由于自然语言断言的语义比形式逻辑更为复杂,因而该形式的研究也更为困难。

1.4.2　逻辑学的范例

从发展的历史和现状来看,如何把好的论证和不好的论证区别开来是逻辑学家们最感兴趣的问题。逻辑学在数理逻辑和分析哲学中更强调研究对象,因此,逻辑学得以在更抽象的层面进行研究。针对逻辑学不同的类型,我们将逻辑学的范畴得以扩展,找出逻辑学的研究动机,让这个主题将能够获得更健康地发展。

1. 三段论逻辑

三段论逻辑(又称亚里士多德逻辑)是传统逻辑的主要内容之一。①《工具论》是亚里士多德逻辑学著作的主体。

亚士多德逻辑在欧洲与中东的古代以及中世纪均被推崇为一个完美系统。如今,三段论在逻辑学导论教科书中广为流传。

2. 形式逻辑、符号逻辑与数理逻辑

形式逻辑(Formal Logic)是根据纯形式来研究推论的有效性评价,且这个规则不是关于某个具体对象或性质的,那么这个推论就具有一个纯形式内容。

符号逻辑常常由命题逻辑和谓词逻辑组成。数理逻辑(Mathematical Logic)又称数学逻辑,是符号逻辑在其他领域的扩充。其中,最赤裸裸地试图把逻辑应用到数学的毫无疑问是逻辑主义者,先驱代表就是弗雷格和罗素的基本思想。②

但是实现这一点的各种企图都遭受到一系列失败,如弗雷格的算术原理被罗素悖论冲击、希尔伯特方案被哥德尔不完全性定理击败等。

尽管存在不完全性定理的否定本质,哥德尔完全性定理③作

---

① 三段论是指两个带有共同词项的命题作为前提和一个涉及在前提中不相关的词项作为结论的论证。

② 他们的基本思想就是:数学真理都是逻辑重言式,因此,他们的工作方案就是企图把数学还原为逻辑。

③ 德尔完全性定理:每个精确定义的数学理论都能够用一阶逻辑理论来准确把握。

为模型论中的一个结果以及从数学到逻辑的另一种应用为逻辑主义表明了如何为逼近真。弗雷格证明演算虽然不等于数学,但它近乎把数学的全部都描述出来。

模型论、集合论、递归论和证明论构成了数理逻辑的基础。递归论用逻辑与算术术语来理解计算思想,其最经典的成果就是图灵判定性问题的不可判定性以及丘奇—图灵论题的提出。如今,递归论最主要涉及的是更精练的复杂性类问题,即什么时候问题可有效解决以及不可解决的分类。

集合论源于康托尔对无穷的研究,它已经成为数理逻辑中许多最富有挑战性的最重要问题的源泉,从通过选择公理的地位以及连续统假设独立性问题的康托尔定理到现代大基数公理的辩论都是如此。

3. 论辩逻辑与非形式逻辑

在古代,研究逻辑的动机是很清楚的。如何把好的论证与坏的论证相区别开来,在论辩与演讲中变得非常重要。如今,论辩这个动机仍然十分活跃,在西方许多大学,特别是那些追随美国模式的大学,论辩逻辑构成了必修课批判性思维课程的核心。

从广义上讲,论辩逻辑(Dialectical Logic)又被称为论辩理论或论证理论(Argumentation Theory)甚至论证哲学(Philosophy of Argument),它是一门包括了民间争论、对话、会话以及说服的科学与艺术的学科,研究在人工语境与真实生活背景下的推论、逻辑以及程序规则。

论辩逻辑主要关心的是通过逻辑推理到达结论。因此,有学者认为,长期以来存在着两种不同的逻辑,一是形式符号逻辑,二是论辩理论,而且两种逻辑还互不理解地独立地发展着。

非形式逻辑是研究自然语言论证的分析、评价与建构的科学。在非形式逻辑中,谬误研究是一个重要的传统分支。从逻辑上考虑,可以将谬论分为形式谬论与非形式谬论。谬论好比陷阱,辩论者无意中踏进陷阱并被对方抓住,也是常有的事。研究各种谬论,并给谬论适当的命令,就好像给陷阱插上标记,这对于谬论,无疑是很有益的事情。

非形式逻辑有广义与狭义之分。狭义非形式逻辑仅仅是指以在北美特别是加拿大温莎大学为中心发展起来的贴上"Informal Logic"标签的这门学科。广义的非形式逻辑则还包括以日常生活中的自然语言论证分析与评价为研究对象的论证理论或论辩理论,如"动之以情",是辩论者有意与对方搭起感情的桥梁,主要是为了说服对方,但不能等同于诉诸感情。再如:"迂回证法",虽有离题现象,但最终要回到论点上来,只是根据需要,多了一些曲折。

4. 逻辑与计算

逻辑与计算(Logic and Computation)又被称为"人工智能逻辑"或"计算机逻辑"。在人工智能和计算机科学领域中,逻辑拥有军师的作用,为这些领域提供了丰富的资源。

早在二十世纪五六十年代,研究者们就曾预言逻辑和数学符号可以表达人类知识。然而,实践证明这比预期的要困难得多,因为人类推理是极其复杂的。

在逻辑程序设计中,程序是由一组公理和一组规则构成的。为了回答像 Prolog 之类的逻辑程序系统的问题,在逻辑程序设计中将一组公立和规则进行推理。在这些符号推理中,人们运用计算机进行辅助,证明机器能够找到过长以至于无法用人工书写的证明,同时检测这些证明真伪。

在计算机科学中,布尔代数既是硬件设计的基础又是软件设计的基础。也有许多关于计算机程序的推理系统。霍尔逻辑就是这种系统的最早版本之一,其他系统有通信顺序进程(Communicating Sequential Processes,CSP)、通信系统演算(Calculus of Communicating Systems,CCS)、π-演算(Pi-Calculus)等都是针对并发过程或移动过程推理的。这种思想是想找到一种能够从本质上抓紧可计算性的逻辑演算。

1.5 逻辑学的主要争议

至今,逻辑学仍然存在许多争论性问题,诸如二值原则的普遍有效性问题、实质蕴涵问题、逻辑与经验问题、不一致性能否容忍问题以及逻辑真理是否可拒斥等等这些问题。这些成为当今逻辑哲学讨论的热点问题。

1.5.1 二值原则与排中律问题

逻辑学家们决不会而且也不可能会就什么是逻辑原则达成一致意见。经典逻辑都是建立在"二值原则"①(Principle of Bivalenee)基础之上的。非经典逻辑(Non-classical Logic)就是指那些拒斥二值原则的逻辑。

由于直觉主义逻辑是一种由构造性思维影响的想法,它对计算机能够执行产生了重大作用。在二十世纪早期,许多逻辑学家就对传统逻辑真假值进行了深度的研究,其中卢卡西维奇就第一

---

① 所谓二值原则,又称二值原理,是指任意命题 p 或者是真的或者是假的。换句话说,在这些语言中,每一种语言的语义都或者把"真"值或者把"假"值指派给任意命题。

个提出了多值逻辑(Multi-valued Logic)系统——三值逻辑。而直觉主义逻辑(Intuitionistic Logic)作为数学推理的正确逻辑则被布劳威尔(L. E. J. Brouwer,1881—1966 年)提出,这种逻辑是建立在拒斥中律基础之上,拒斥在数学中进行形式化。

常常作为非经典逻辑的模态逻辑在运用中会使用排中律原则和一些相关语义形式的概念,没有涉及真值条件。正是如此,模态逻辑能够用来处理非经典逻辑的语义,以直觉主义逻辑为首。模糊逻辑诸如贝叶斯概率等,一直在用一个无穷数值的"真度"来涉及,用 0 到 1 之间的实数来表示这些不循序二值原则的主观真值。

1.5.2　实质蕴涵、严格蕴涵与逻辑蕴涵之争

实质蕴涵(Material Implication),又称实质条件(Material Conditional)或真值函项蕴涵(Truth Functional Implication)。在逻辑命题中,这些蕴涵在特定条件性质下,用来表达真值到真值的二元真值函数。以谓词逻辑为例,用符号表示子集关系如下所示:

(1)$X \rightarrow Y$

(2)$X \Leftrightarrow Y$

(3)$X \Rightarrow Y$

当 X 为真而 Y 为假,实质条件为假,否则便为真。其中,X 和 Y 分别代表前件和后件,是涉及形式公式的变元。

然而,由于现实中存在很多被称为"实质蕴涵怪论"[①](Paradox of Material Implication)的问题,很难将经典逻辑形式化的蕴涵概

---

① 所谓实质蕴涵怪论是指在经典逻辑中为真但直观上又有问题的公式。

念用"如果……那么……"翻译成自然语言。其中,常见的蕴涵怪论如下所示:

(1)($\rightarrow$p∧p)→q(即衍推怪论,Paradox of Entailment)

(2)p→(q→p)

(3)$\rightarrow$p→(p→q)

(4)p→(q∨$\rightarrow$q)

"实质蕴涵怪论"通常涉及反事实条件句,如"如果太阳是由蛋黄组成的,那么,2+2=4。"但是,现实中自然语言不支持防爆原则(Principle of Explosion)而将会使人产生困惑。

在这种情况下,论证者虚假地认为人们知道事情的后件是因为前件。如此,如果碰巧李四到了癌症晚期,那么不管这个人的选举前景如何。"如果这个人赢得了选举,李四就必须死去。"这个命题实际上就是真的。但是这个命题违背了会话规则中的相干原则。①

为了避免实质蕴涵怪论,刘易斯(Clarence Irving Lewis,1883—1964年)提出了"严格蕴涵"(Strict Implication)概念,又称"严格条件"。严格蕴涵是指遵照来自模态逻辑的必然性算子行事的实质条件。对于任何两个命题 p 和 q,公式 p→q;意思是 p 实质蕴涵 q,而意思是 p 严格蕴涵 q。

逻辑蕴涵(Logical Implication)既是一个逻辑概念,又是一个数学概念,它是指公式集 T 的每个模型、解释或赋值也都是公式 B 的一个模型时,我们就说 T 蕴涵 B,用符号来表示就是:

(1)T|=B

(2)T⇒B

---

① 相干原则是由格赖斯(Paul Grice,1913—1988年)提出,能够用拒斥单调性的逻辑来建模。

（3）T∴B

这些公式可读作"T 蕴涵 B"、"T 推出 B"或"B 是 T 的（逻辑）后承"，其中，T 称为前件，B 称为后件。

1.5.3 逻辑能否是经验

逻辑规律的认识论地位如何？哪种论证适合用来批判所谓的逻辑原则？为了回答这类问题，美国哲学家普特南（Hilary Putnam，1926— 年）于 1968 年发表了《逻辑是经验的吗？》一文，他在蒯茵（W. V. O. Quine，1908—2000 年）观点的基础上提出："一般来讲，命题逻辑事实与物理宇宙事实具有相似的认识论地位，如牛顿运动定律或万有引力定律，特别是物理学家们已知道的关于量子力学的东西提供了放弃某些熟悉的经典逻辑原则的强有力情形。"

"如果我们要成为量子理论所描述的物理现象的现实主义者，就应当放弃分配原则即分配律，用伯克霍夫（Garrett Birkhoff，1911—1996 年）和冯·诺伊曼（John von Neumann，1903—1957 年）提出的量子逻辑去取代经典逻辑。"普特南还说到。

另一篇同名论文是达米特（Sir Michael Dummett，1925— 年）在 1976 年发表的。他认为，普特南是针对现实主义的愿望而要求分配原则，逻辑的分配原则对于现实主义者如何理解世界的真是基本的，正是用这种方式，他主张二值原则。

有趣的是，对于"逻辑是经验的吗"这个问题的回答至今仍然未终止。2007 年，澳大利亚悉尼大学教授巴西加罗比（Guido Bacciagaluppi，1965— 年）再次发表一篇与普特南和达米特论文的同名论文，不过，他讨论的是与经验有关的逻辑的可修正问题。"逻辑是经验的吗"这个问题可能被看作本质上导向了二值与现实主义之间关系的无穷争论。

1.5.4 逻辑学能否容忍不一致性

一切具有一致性的理论都是不能包含矛盾的理论。但在逻辑学中,同一思维过程中,任何一个思想与这个思想否定不能同时为真时,必然有一假。亚里士多德曾在两千多年前就指出:

A 不是非 A,或者:$\to (A \wedge \to A)$。

表达式中,"A"表示任何一个思想。"非 A"表示与"A"具有矛盾关系或犯规关系的词汇或命题。"A 不是非 A,或者:$\to (A \wedge \to A)$"表示:在你同一思维过程中,"A"和"非 A"不能同真,其中必有一假。

但是,黑格尔曾批评了任何简单化的矛盾律概念,以指明从什么观点或时间来看人们说某物不是自相矛盾。比如说,人在车上既动又不动,"动"是相对路面景物来说,"不动"是相对车内的乘客来议的。黑格尔的辩证法。其本身不是独立断定的,而是依赖于矛盾律与同一律的差异性不同而有所不同。

1.5.5 逻辑真理是否可拒斥

所有怀疑主义的哲学脉络都包含了各种逻辑的怀疑和猜测,包括各种逻辑形式、推理、意义等观点。由此产生了"没有逻辑真理"这一结论。这种观点的直接对立面是哲学怀疑论观点,直接把怀疑指向了公认智慧,如恩披里柯(Sextus Empiricus,160—210年)的著作就是如此。

有这样一种观点,逻辑推理作为一种人类生存的工具,对真理的拒斥没有使他完全拒斥逻辑或推论思维,也没有超越工具的现实。逻辑不与现实世界任何东西相符的假定,在人的不合逻辑的大脑中,逻辑的范围存在是广阔无边的。

参考文献

[1]熊明辉.逻辑学导论[M].上海:复旦大学出版社,2011.

[2]胡泽洪,周祯祥,王健平.逻辑学[M].广州:广东教育出版社,2011.

[3]黄华新,张则幸.逻辑学导论[M].杭州:浙江大学出版社,2005.

[4]饶发玖,张广荣.逻辑学[M].北京:中国农业大学出版社,2014.

[5]程淑铭.逻辑学[M].北京:科学出版社,2013.

[6]陈波.逻辑学是什么[M].北京:北京大学出版社,2002.

[7]王路.逻辑基础[M].北京:人民出版社,2004.

[8]李娜.逻辑学导论[M].武汉:武汉大学出版社,2010.

[9]郭桥,资建民.大学逻辑导论[M].北京:人民出版社,2003.

第2章 逻辑学的历史和现状

　　逻辑学是一门历史悠久的古老科学,从其产生至今,已有2000多年的历史,逻辑学有古希腊、中国和印度三大发源地。当时的逻辑学并不是一门独立的学科,而是哲学的一个主要组成部分,后来不断从哲学中分化出来。

2.1　传统逻辑学的产生

　　逻辑学是伴随生产实践、自然科学、思想论战的发展而形成,最早的发源地有以下三个:

1. 古代希腊是逻辑学的重要诞生地

　　亚里士多德(公元前384—公元前322年)是古希腊最博学的哲学家。他对逻辑学进行了全面的研究,并在理论体系的建立上做出了重大贡献,是逻辑学的奠基人。

　　亚里士多德的主要逻辑学著作是《工具论》。这本书由《范畴篇》《解释篇》《前分析篇》《后分析篇》《论辩篇》和《辩谬篇》6个部分汇编而成,是古代的一部最完备的逻辑学著作。在《工具论》中,亚里士多德研究了多方面的内容。

在概念方面,亚里士多德主要对一些范畴进行了研究。他认为,范畴就是一些最普遍的概念。他把这些概念分为十个大类,即十种范畴:一是实体范畴,二是数量范畴,三是性质范畴,四是关系范畴,五是活动范畴,六是遭受范畴,七是地点范畴,八是时间范畴,九是姿态范畴,十是状况范畴。他还研究了概念间的关系以及如何给概念下定义等问题。

在判断方面,亚里士多德重点研究了简单判断。他认为,只有或真或假的句子才是判断;一个祈使句,就不是判断,因为它没有真假问题。他把判断分为简单判断和复合判断;把简单判断分为肯定的和否定的,全称的、特称的和单称的,并研究了这些判断的性质和真假关系;他还详尽地讨论了模态判断及其种类和关系。

在推理方面,亚里士多德的主要贡献是三段论推理。他研究了三段论的结构形式、前提与结论的关系、三段论推理的规则以及三段论的性质和作用等问题。他还对模态三段论进行了专门的研究,制定了模态三段论的规则,讨论了模态三段论的各种形式。他还研究了归纳推理,认为归纳是由个别过渡到一般的方法,是通过感知获得一般原理的过程,是获取推理所需的原始前提的途径。亚里士多德的逻辑理论虽然偏重演绎推理,主要是三段论,但他强调了演绎推理的原始前提必须从归纳而来,说明他对归纳推理还是重视的。

在证明和反驳方面,亚里士多德从三段论推理出发,认为要通过推理获得新知识就必须从已有的知识出发,并将已有的原始知识分为事实的知识和关于字的意义的知识。他研究了科学证明所需要的各种不同的前提,提出了在科学证明中可能出现的错误有三种:一是前提不真实,二是推理形式不正确,三是违反了一门科学中的证明必须从本门科学中的前提出发的原则。他还研究了辩论方法和驳斥诡辩的方法等。

此外,亚里士多德在他的重要哲学著作《形而上学》中对逻辑基本规律进行了专门的论述。在《形而上学》中,他明确提出了矛盾律和排中律,并用了整整一卷的篇幅来论述这两条基本规律的内容。他讲述了这两条规律的重要性,认为它是事物的规律,也是思维的规律,是事物确定性的表现,也是一切证明的出发点。如果否认了这两条规律,就会抹杀客观世界中一切事物的差别,人的思想就会出现混乱;他还用大量的论证来驳斥否定矛盾律和排中律的人。亚里士多德没有明确提出同一律,但在他的论述中也涉及同一律的内容。

总之,亚里士多德在概念、判断、推理、证明和反驳以及逻辑基本规律等方面都做出了较为系统的论述。由于他的重大贡献,基本建立了逻辑学理论体系的框架,奠定了西方逻辑学发展的基础,并在此基础上不断丰富和发展,构成了逻辑学发展的主要脉络;直到今天,我们所学的逻辑学的主要内容,都可以从亚里士多德的著作中找到它们的原型。

2. 古代中国也是逻辑学的发源地之一

中国也是逻辑学的发源地之一。虽然中国古代没有出现过"逻辑学"的概念,也没有出现以今天的眼光来看的专业逻辑学家,但是,在中国古代思想家的政治、法律、伦理、哲学思想中,包含着十分丰富的逻辑思想。比如,我国先秦时期的"名辩学",就包含丰富的逻辑学说,其主要内容表现在惠施、公孙龙、后期墨家、荀况、韩非等人的著作之中,其中后期墨家的《墨经》一书在逻辑学上的成就最高。

《墨经》包括《经上》《经下》《经说上》《经说下》《大取》《小取》等六篇,较为系统地讨论了"名""辞""说"等理论。《墨经》中的

"名",相当于今天逻辑学所讲的概念或词项,"辞"相当于命题,"说"相当于推理或论证。此外,《墨经》还对矛盾律等今天所谓的逻辑规律的内容也多有论述,因此,可以说,《墨经》是我们学习中国古代逻辑思想的最好教材。

3. 古代印度曾发展了独立的逻辑学体系

古代印度的逻辑学名叫"因明"。"因"指原因、根据、理由,"明"指知识、智慧。"因明"就是古代印度关于逻辑推理的学说。因明分古因明和新因明。5 世纪时印度哲学家无著和世亲吸取正理派的说法构成的因明为古因明,6 世纪陈那及其弟子发展出了新因明。陈那的《因明正理门论》、商羯罗主的《因明入正理论》为因明的主要代表作。这些著作主要研究了推理和论证的方法,形成了古代印度特有的逻辑体系。由唐玄奘及其弟子在 7 世纪中翻译的陈那和商羯罗主的著作,是研究印度因明的主要依据。

古因明的推理形式用"五支作法",由 5 个部分(即"支")组成:宗(论题)、因(理由)、喻(例证)、合(应用)、结(结论)。例如:

宗:某处有火。

因:发现了烟的缘故。

喻:好像厨房等处。

合:现在某处也一样有烟。

结:所以那里有火。

陈那的新因明将五支作法简化为"三支作法",由三个部分(即"支")组成,即宗(论题)、因(理由)、喻(例证)。例如:

宗:此山有火。

因:此山有烟。

喻:凡有烟处皆有火,例如厨房。

五支作法和三支作法明显都是某种推理形式,三支作法更加类似三段论推理。"宗"相当于三段论的结论,"因"相当于三段论的小前提,"喻"相当于三段论的大前提。

除推理理论以外,印度逻辑中还有证明、反驳、谬误论(过论)等,内容十分丰富。

2.2　逻辑学在近代的发展

逻辑学是一门古老而有生命力的科学。说它古老,是因为人们要思维就要有逻辑,而且形成一门学问也早,从它产生到现在,已有两千多年的历史;说它有生命力,是讲只要人类存在,就要有思维,就少不了逻辑,而且作为一门科学,它是随人类思维的发展而发展的。在逻辑学发展的进程中,中国先秦逻辑和古印度逻辑都有某种中断,没有进入世界逻辑发展的主流,唯有始于古希腊逻辑的西方逻辑有相对完整的历史,后来成为世界逻辑发展的主流。下面将西方逻辑学发展的大概情况作一介绍。

1. 斯多亚学派的命题逻辑

亚里士多德的逻辑,由于是对概念(即词项)的研究为基础的,所以人们把它称为"词项逻辑"。在亚里士多德以后,古希腊的斯多亚学派对逻辑学的研究做出了重要贡献。斯多亚学派对判断进行了研究。他们把判断分为简单判断和复合判断,并着重讨论了复合判断。他们把复合判断分为联言判断、选言判断和假言判断,研究了由这些判断组成的推理形式,并且提出了推理的规则和逻辑公式。由于斯多亚学派的逻辑是建立在对判断(即命题)进行研究的基础上,所以人们把它称为"命题逻辑"。斯多亚学派对命题逻辑的研究,进一步充实了亚里士多德逻辑的内容。

在古希腊,逻辑学有两种不同的倾向,一种是演绎的,一种是归纳的。亚里士多德和斯多亚学派的逻辑都是属于演绎逻辑。斯多亚学派主张只有演绎推理才是科学的、有用的,认为归纳推理是靠不住的,没有意义的。而唯物主义哲学家伊壁鸠鲁则主张对自然规律的认识要通过归纳推理来获得,认为归纳推理才是唯一的科学方法。二者的争论同时反映了哲学上唯物主义同唯心主义的斗争,前者代表唯心主义而后者代表唯物主义。在欧洲中世纪,经院哲学占统治地位,不仅哲学成为宗教的婢女,逻辑学的发展也处于停滞的状态。在这一阶段中,对演绎逻辑曾有人做过一些研究,也有一些发展,但在归纳逻辑方面则没有什么发展。

2. 培根和穆勒的归纳逻辑

欧洲近代资本主义时期,生产技术有了新的发展,随之而来的是经验自然科学的兴起和发展,特别是数学和实验科学的发展,推动作为实验科学方法论的归纳逻辑发展起来。

弗兰西斯·培根(1561—1626 年)是近代英国唯物主义与实验科学的始祖。他在研究亚里士多德逻辑学的过程中,结合自然科学的丰富材料,提出了科学归纳法,奠定了归纳逻辑的基础。相对于亚里士多德以演绎逻辑为主要内容的《工具论》,培根把他论述归纳法的逻辑学著作称为《新工具论》。在这部著作中,培根批评了亚里士多德的演绎逻辑。他说:"现在流行的逻辑与其说是帮助人们寻求真理,不如说是把植根于一般人接受的观念中的错误固定下来。所以它的坏作用多于好作用。"他认为:"三段论不是应用于科学的基本原理,而是徒劳无益地应用于中间的公理;它是不足以穷自然之奥秘的。"因此,为了观察自然,发现自然规律,并利用它们为人服务,就不能只从观念出发,而应借助归纳从特殊上升到一般,再由一般上升到最高一级。这才是获取知识的真正可靠的方法。

培根在自然科学发展的基础上创立了归纳逻辑。作为归纳的具体方法,培根提出了"三表法"和"排除法"。所谓"三表",就是"存在和具有表""差异表""程度表"。通过这些表,把观察到的事物加以整理和排列。所谓"排除",就是从三表中把那些不相干的性质舍弃掉。进而找到事物之间的因果关系,发现事物的一般规律。培根认为,这才是"真正的归纳法"。

1662年,法国出版了亚诺德和尼柯尔合著的《波尔罗亚尔逻辑》。这是一本专门的逻辑学教科书。书中汇集了当时逻辑学中已有的成果,综合了演绎逻辑和归纳逻辑,对概念、判断、推理、逻辑规律和逻辑方法都进行了系统的介绍。

穆勒(1806—1873年)是19世纪英国经验主义哲学家。他继承并发展了培根的归纳逻辑,在他所著的《逻辑体系》一书中,系统地阐述了寻求现象间的因果联系的五种归纳方法,即契合法、差异法、契合差异并用法、共变法和剩余法。这就是逻辑史上有名的"穆勒五法"。穆勒是归纳万能论的代表,他片面地夸大归纳法的作用,不恰当地贬低演绎法的作用,认为三段论不能带来新知识。对此,恩格斯说:"归纳和演绎,正如分析和综合一样,是必然相互联系着的。不应当牺牲一个而把另一个捧到天上去,应当把每一个都用到该用的地方,而要做到这一点,就只有注意它们的相互联系,它们的相互补充。则从培根在自然科学发展基础上创立归纳逻辑,到亚诺德和尼柯尔合著《波尔罗亚尔逻辑》,把归纳逻辑和演绎逻辑结合在一起,直到穆勒进一步完善和发展归纳逻辑,至此,集演绎、归纳和一般逻辑方法为一体的传统形式逻辑体系便基本形成了。

3. 辩证逻辑、数理逻辑的产生和发展

18 世纪到 19 世纪,德国古典哲学家康德、黑格尔等人都研究了逻辑问题。康德第一次使用了"形式逻辑"这个名称,并且提出了一些重要的有关辩证逻辑的理论问题。但他把逻辑形式和逻辑规律都看成是先于经验的东西,并且割裂逻辑学中形式和内容的关系,用形而上学的观点来看待逻辑问题。黑格尔批判了旧逻辑学中的形而上学观点,用极大的精力研究了人类辩证思维的形式和规律,从而建立了第一个辩证逻辑体系。虽然他的辩证逻辑体系是建立在唯心主义基础上的,是头足倒立的、不科学的,但是,其中却包含了不少合理内核和深刻的思想。马克思和恩格斯运用辩证唯物主义的观点和方法研究逻辑问题,他们在批判黑格尔辩证逻辑体系中的唯心主义的同时,吸取了其中的合理内核,建立了第一个科学的辩证逻辑体系。

辩证逻辑是关于思维运动的辩证规律的理论,也就是思维的辩证法,或叫主观辩证法。它是事物的辩证法即客观辩证法的反映。因此,在马克思主义哲学中,辩证法、认识论、逻辑三者是一致的。辩证逻辑与形式逻辑是互相区别的,它们的关系是哲学和具体科学的关系。马克思主义辩证逻辑指导形式逻辑的研究,但并不代替形式逻辑。

在近代归纳逻辑发展的同时,演绎逻辑也得到了新的发展。从莱布尼茨到布尔建立起来的数理逻辑,就是在逻辑学中使用数学方法而发展起来的一门新兴的学科。

早在 17 世纪末,德国哲学家和数学家莱布尼茨就提出了用数学方法处理演绎逻辑、把推理变成逻辑演算的思想,并且首先尝试用这种方法去建立逻辑体系,因而他成为数理逻辑的奠基人。1847 年,英国数学家布尔发表了《逻辑的数学分析》一书,成

功地将代数方法应用到逻辑中去,建立了"逻辑数学"(即布尔代
数),把莱布尼茨的思想变为现实。随后,弗雷格、罗素和怀德海
等人建立了命题演算和谓词演算这两个数理逻辑演算体系,使数
理逻辑进一步系统和完善起来,发展成为一门新兴的学科。

20 世纪 40 年代,数理逻辑得到了迅速的发展,其主要表现
是:数理逻辑的主要分支"集合论""证明论""递归论"和"模型论"
等应运而生并取得了重要的研究成果;在命题演算和谓词演算基
础上,发展出了模态逻辑、多值逻辑、时态逻辑、相干逻辑、模糊逻
辑和量子逻辑等一大批非标准逻辑分支;数理逻辑在开关线路、
自动化系统以及计算机科学与技术等方面获得广泛应用,特别是
在推动电子计算机的发展、人工智能的产生方面取得了伟大的历
史性成果。

恩格斯指出:"每一时代的理论思维,从而我们时代的理论思
维,都是一种历史的产物,在不同的时代具有非常不同的形式,并
因而具有非常不同的内容。因此,关于思维的科学和其他任何科
学一样,是一种历史的科学,关系人的思维的历史发展的科学。"
逻辑学从词项逻辑向命题逻辑的发展,从演绎逻辑向归纳逻辑的
发展,从传统逻辑向现代逻辑的发展,充分说明它是充满活力、不
断发展的一门科学。

2.3　现代逻辑学的产生与发展

莱布尼茨虽然提出了建立现代逻辑即数理逻辑的构想,但他
自己并没有实现这一理想。莱氏之后,经过英国数学家、哲学家、
逻辑学家哈米尔顿、德摩根的研究,1847 年,英国数学家布尔建立

了逻辑代数,这是第一个成功的数理逻辑系统。1879年,德国数学家、逻辑学家弗雷格在《概念文字——一种模仿算术语言构造的纯思维的形式语言》这部88页的著作中发表了历史上第一个初步自足的、包括命题演算在内的谓词演算公理系统,从而创建了现代数理逻辑。之后,英国哲学家、逻辑学家罗素和怀特海于1910年发表了三大卷的《数学原理》,建立了带等词的一阶谓词系统,从而使得数理逻辑成熟与发展起来了。

以上讲的数理逻辑,它的核心是两个演算——命题演算与谓词演算,也称之为现代形式逻辑或狭义的现代逻辑。在当代,以现代逻辑为基础,将现代逻辑应用于各个领域、各个学科,从而出现了广义的各种各样的现代逻辑分支。美国逻辑学家莱斯彻在谈到现代逻辑的发展时,给出了一幅关于现代逻辑应用于各个领域及学科的"现代逻辑地图":

一、基本逻辑

(一)传统逻辑

1. 亚里士多德逻辑

(1)直言命题理论

(2)直接推理

(3)三段论逻辑

2. 其他的发展

(1)中世纪的后件理论

(2)唯心主义逻辑与思维规律的讨论

(二)正统现代逻辑

1. 命题逻辑

2. 量化逻辑

3. 谓词逻辑

4. 关系逻辑

(三)非正统现代逻辑

1. 模态逻辑

(1)真理逻辑

(2)物理逻辑

(3)义务逻辑

(4)认识逻辑

2. 多值逻辑

3. 非标准蕴涵系统

(1)严格蕴涵

(2)直觉主义命题逻辑

(3)限定与相关蕴涵

(4)联系蕴涵

4. 非标准量化系统

二、元逻辑

(一)逻辑语形学

(二)逻辑语义学

1. 基本语义学

2. 模型论

3. 特殊论题

(1)定义理论

(2)词项理论

(3)描述理论

(4)同一性理论

(5)存在理论

(6)信息与信息处理逻辑

(三)逻辑语用学

1. 逻辑语言学及自然语言的逻辑理论

2. 修辞分析

3. 语境蕴涵

4. 非形式的错误理论

5. 逻辑的非正统应用

(四)逻辑语言学

1. 结构理论

2. 意义理论

3. 有效性理论

三、数学发展

(一)算术方面

1. 算法

2. 可计算性理论

3. 计算机程序设计

(二)代数方面

1. 布尔代数

2. 格论逻辑

(三)函数论方面

1. 递归函数

2. λ 转换

3. 组合逻辑

(四)证明论

(五)概率逻辑

(六)集合论

(七)数学基础

四、科学发展

(一)物理学应用

1. 量子逻辑

2."物理"或"因果"模态的理论

（二）生物学应用

1. 伍杰式发展

2. 控制论逻辑

（三）社会科学应用

1. 规范逻辑

2. 评价逻辑

3. 法律应用

五、哲学发展

（一）伦理应用

1. 行为逻辑

2. 义务逻辑

3. 命令逻辑

4. 优先与选择逻辑

（二）形而上学应用

1. 存在逻辑

2. 时序逻辑

3. 整体与部分的逻辑

4. 列斯涅夫斯基的本体论逻辑

5. 构造主义逻辑

6. 本体论

（三）认识论应用

1. 问题逻辑

2. 认识论逻辑

3. 假设逻辑

4. 信息与信息处理逻辑

5. 归纳逻辑

（四）归纳逻辑

1. 证据与确证、接受的逻辑

2. 概率逻辑

英国逻辑学家哈克在谈到逻辑的范围时,认为,逻辑是一个十分庞大的学科群。其分支主要包括如下:

1. 传统逻辑:亚里士多德的三段论

2. 经典逻辑:二值的命题演算与谓词演算

3. 扩展的逻辑:

（1）模态逻辑

（2）时态逻辑

（3）道义逻辑

（4）认识论逻辑

（5）优选逻辑

（6）命令句逻辑

（7）问题逻辑

4. 异常的逻辑:

（1）多值逻辑

（2）直觉主义逻辑

（3）量子逻辑

（4）自由逻辑

5. 归纳逻辑

在这里,哈克所谓的"扩展的逻辑",是指在经典的命题演算与谓词演算中增加一些相应的公理、规则及其新的逻辑算子,使其形式系统扩展到一些原为非形式的推演,由此而形成的不同于经典逻辑的现代逻辑分支;至于"异常的逻辑",则是指其形成过程一方面使用与经典逻辑相同的词汇,但另一方面,这些系统又对经典逻辑的公理与规则进行了限制甚至根本性的修改,从而使之脱离了经典逻辑的轨道的那些现代逻辑分支。

应该说,莱斯彻与哈克的分析都是正确的。随着逻辑学的不断发展,在现代,以逻辑学的核心部分——经典逻辑为基础,随着对逻辑学的理论研究与应用研究的不断深入。逻辑学呈现出多层次发展的态势,逻辑学的范围也日益宽广。

参考文献

[1]胡泽洪,周帧祥,王健平.逻辑学[M].广东:广东教育出版社,2007.

[2]饶发玖,张广荣.逻辑学[M].北京:中国农业大学出版社,2004.

[3]胡泽洪.对逻辑学范围及性质的思考[J].湖南:湖南大学,2004.

[4]罗云娣,褚远辉.谈当代教学模式的发展趋势[J].云南:大理学院,2003.

[5]孙婷.义务教育阶段学生数学推理论证能力测评[D].上海:华东师范大学,2014.

[6]涂伟超.加强纠错意识训练提高学生的纠错水平[J].语文学刊,2005.

[7]杨传明.比喻论证与类比论证辨析[J].新乡高等专科学院学报.2004.

[8]林昌时.分别充分条件假言命题[J].社会科学,2010.

[9]《普通逻辑》编写组.普通逻辑[M].上海:上海人民出版社,2011.

[10]楚明锟.逻辑学:正确思维与言语交际的基本工具[M].开封:河南大学出版社,2000.

第3章 论证与论辩

　　论证是逻辑学的研究对象。与论证密切相关的基本概念有命题、陈述、语句、推论、推理、证明等。在本章中,命题是我们所要讨论的主要概念之一,有经验命题与必然命题之分。论证通常包含作为结果的论证、作为过程的论证和作为程序的论证三个层次,演绎论证和归纳论证是两种最为常见的论证类型,证成、反驳与说服是论证的三重功能。论证识别包括三个方面要素的识别:一是前提与结论识别,这是论证识别的核心内容;二是论证者与目标听众识别;三是论证目的识别。论证评价的标准很多,甚至会因学科不同而异,但最基本的有三条标准,即形式逻辑标准、论辩标准和修辞标准。

　　论辩是持有不同见解的各方为消除争议求取统一认识的言语行为。它属于一种认知行为,涉及语言表达、修辞、心理气质、思维等方面,是一种综合技能的语言行为。从逻辑的角度而言,着眼于论证、反驳方法的技巧运用,着眼于非形式的逻辑问题研究,有助于人们消除争议,达到认识的统一和深入。

3.1　与论证相关的概念

　　推论、推理、证明、论证是几个非常相近但又有所差别的概念。任何推论、推理、论证或证明都离不开语句、陈述或命题。而命题、陈述和语句也是三个既相近又不同的概念。命题、推理与证明主要是形式逻辑学所关心的对象,陈述与论证主要是非形式逻辑学家所考察的重点,而语句则是语言学家所关注的内容。

3.1.1　几个关键概念

推论、推理、证明是与论证概念密切相关的几个基本概念。有些逻辑学教科书把逻辑学的主要研究对象界定为推理。自 20 世纪 80 年代后期以来,我国大多数逻辑学教科书都是如此。下面来看一下这四个概念的基本定义。

1. 推论

推论(inference)是指从前提推导出结论的行为或过程。重点强调"推导行为"和"推导过程"。认知科学、逻辑学、统计学、人工智能等学科领域都会讨论推论,给出了既有同又有异的推论定义。逻辑学家通常把推论分为演绎推论和归纳推论。

2. 推理

推理(reasoning)是指一个为信念、结论、行动或感觉寻找理由的认知过程。这里强调的是"寻找理由的认知过程"。哲学家、心理学家、认知科学家、人工智能专家、法律人等都在研究推理。逻辑学家们通常把推理区分为演绎推理和归纳推理。就这一点上来说,逻辑学家们在使用推论或推理时,常常是不加区别的,甚至对推论、推理和论证都作相同对待。有的逻辑学使用"推论",有的使用"推理",有的使用"论证",实际上他们讲的是同一个对象。

3. 论证

论证（argument）就是用已知为真的判断去确定另一个判断的真实性或虚假性的思维过程。论证也称逻辑论证。

在实际工作和科学研究中，人们经常需要确定某一思想的真实性，以便使他人不但知其然而且知其所以然。为了确定某一思想的真实性，并使之有说服力，让人理解和接受，就需要用有关事实的判断或有关科学理论作为依据，借助一定的推理形式，由此推断出某个判断为真的结论，这个过程就是论证。

论证与推理是密不可分的，二者既有联系又有区别。

论证与推理的联系主要表现在：推理是论证的基础，没有推理便谈不上论证；论证是一个推理或几个推理的综合运用；论证的论题相当于推理的结论，论据相当于推理的前提，论证方式相当于推理形式。

论证与推理的对应关系，可用图表示：

论证虽然离不开推理，但毕竟和推理是不同的。论证与推理的区别主要表现在三个方面。

第一，论证与推理的思维方向不同。论证是以论题为出发点去找论据，而论题又是论证这一思维过程的结果；推理是由前提去推出结论，根据逻辑规律由前提的真实性得出结论的真实性，前提是推理这一过程的开始。

第二，论证与推理的目的不同。论证的目的是表明自己的观点并获取他人的认同，而推理的目的则在于得出新知。

第三,二者的要求不同。推理是由一个或几个判断得出另一个判断,而论证是由一个或几个真实的判断,来确定另一个判断的真实性。论证的重点放在论题和论据的真实性上,特别强调论据必须真。而推理重点强调前提与结论之间的逻辑关系,它的前提、结论都可以是假的。任何判断都可以推出它本身,但任何判断不能是自己的论据,论证总由推理组成,但推理不一定是论证。

4. 证明

证明(proof)是论证的一种表现形式,是知识创新的基本形式。证明是论者通过一定的逻辑形式,组织某个或某些已知为真的命题来确定其待证明命题成立或为真的过程。

3.1.2　命题、陈述与语句

命题(proposition)、陈述(statement)和语句(sentence)是三个非常相近的概念,有时被英语世界的逻辑学家不加区别地使用,有时却被严格区别开来。

人类的思维活动就是一个逻辑推理的过程,逻辑推理的一个重要内容是判断某一句话是否正确。这句话的表达要求精确,不容许含糊其辞、模棱两可、似是而非,也就是要求这句话能判断真假。一句话可以有不同的形式,如疑问句、祈使句、感叹句和陈述句等等,其中陈述句能判断真假。

把一个能够判断真假的陈述句称为命题。一个命题,如果其中不再包含其他命题成分,那么就称为简单命题(或原子命题);一个命题,如果其中包含其他命题,那么就称为复合命题。一个命题若被判断为真命题,则称该命题取真值为真,用"1"表示;若被判断为假命题,则称该命题取真值为假,用"0"表示。

根据命题的结构形式,命题分为原子命题和复合命题。不能被分解为更简单的陈述语句的命题称为原子命题(Simple Proposition)。由两个或两个以上原子命题组合而成的命题称为复合命题(Compound Proposition)。

3.1.3 经验命题与必然命题

在经典逻辑中,真或假是命题的基本特征,也就是说,一个命题不是真的就是假的,反之亦然。如何判定一个命题的真假呢?这里有两种情形:一是根据观察经验判定命题的真假;二是不需要根据观察经验判定其真假。

我们把需要根据观察经验才能判定其真假的命题称为经验命题(empirical proposition)。例如,"贵州省在中国的西南部"这个命题要么为真要么为假。要判定其真假,只要某人去过贵州并且去过西南,他就能判定这个命题是真的。但是,这种经验并不必然是直接的,我们大多数人是通过地图而不是通过旅游知道贵州的地理位置的。

3.2 论证的含义、类型及功能

3.2.1 论证及其构成

论证是运用一个或一些已知为真或者可以接受的命题。去确定另一个命题或其否定的真实性或者可接受性的复合陈述。确定另一个命题的真实性或者可接受性是证明,而确定另一个命题的否定的真实性或者可接受性是反驳。所以,论证包括证明和反驳两个部分。

一个符合推理规则的论证是正确的论证。在一个正确的论证中,如果论据真实,结论必真实。如果论据可以接受,则结论必可以接受。

论证一般包括四个部分,即论题、论点、论据与论证方式。

论题是论辩双方共同议论的某个话题。例如"论非法同居"就是一个论题,它并没有直接表明作者的态度和主张,只是限定了论辩的内容和范围。论题回答"论证的范围是什么"的问题。

在一个论题中存在完全相同的观点,则成为论辩双方都认可的论点,存在完全相反或者部分相同部分相反的观点,则需要通过论辩去达成某种程度的共识。

论点是作者对论题发表的观点、看法、主张,即对论题的答复。在说话或者写文章的结构中,论点一般在开头出现,有时候出于表达的需要,也会在中间或末尾出现,或者在开头和末尾都出现。论点回答"论证什么"的问题。

论据是用来确定论点真实性或者可接受性的命题,论据是论证的基础,是为确定论点的真实性或者可接受性提供的理由,没有论据就不能论证。论据回答的是"用什么论证"的问题。

论据可以是事实论据,用事实论据论证论点叫做摆事实;也可以是事理论据,即各门科学中的公理、原理、定理、定义等。对论据的要求是必须真实。至少是论证双方能够共同接受。

论证方式是论点与论据之间的联系方式,即从论据推出论点的推论过程。在推论过程中,至少运用一个推理形式,此时该论证方式等于该推理形式,但往往存在运用多个甚至多种推理形式,此时该论证方式就是论证过程中所运用的推理形式的总和。

论证方式是论证的纽带,没有论证方式就无法进行论证。论证方式回答的是"怎样论证"的问题。

根据不同的需要,论证方式可以单独或者综合运用演绎推理、归纳推理、类比推理以及随非形式逻辑研究深入而出现的其他行之有效的推理方法。

3.2.2 论证的类型

可以根据所运用的论证方式的不同,区分为演绎证明、归纳证明和类比证明;也可以根据所运用的证明方法不同,区分为直接证明和间接证明。

1. 演绎论证、归纳论证和类比论证

(1)演绎论证

演绎论证是运用演绎推理形式所进行的确定论题的真实性的论证。

演绎论证是根据一般原理来论证个别事例的真实性的论证。在演绎论证中,一般是以科学原理、定理、定律或其他一般性的真实判断为根据,运用演绎推理推导出某一论题。

演绎论证在数学中普遍应用。例如:

已知:在 $\triangle ABC$ 和 $\triangle A'B'C'$ 中,$\angle B = \angle B'$,$\angle C = \angle C'$。求证:$\triangle ABC \backsim \triangle A'B'C'$。

证法Ⅰ:有两对应角相等的任何一对三角形都是相似三角形,而 $\triangle ABC$ 和 $\triangle A'B'C'$ 中,$\angle B = \angle B'$,$\angle C = \angle C'$(有两对对应角相等);所以 $\triangle ABC \backsim \triangle A'B'C'$。这则论证运用了直言三段论推理方法。

证法Ⅱ:如果两个三角形有两对对应角相等,那么这两个三角形相似;$\triangle ABC$ 和 $\triangle A'B'C'$ 中,有 $\angle B = \angle B'$,$\angle C = \angle C'$;所以,$\triangle ABC \backsim \triangle A'B'C'$。这则论证运用了假言三段论或者说运用了充分条件假言推理的肯定前件式。

(2)归纳论证

归纳论证是从个别到一般的论证。其论点是表述一般性知识的命题,论据是表述个别性知识的命题。例如:

美妙的音乐不会一个音符到底,可口的食物不会一个味道,美丽的花园一定是百花齐放,合作的团队由不同个性的成员组成,美妙、可口、美丽和合作的事物是和谐的事物,所以,和谐的事物是和而不同。

以上议论就是一个归纳论证,论点是"和谐的事物是和而不同",论据列举兼有"和谐"以及"和而不同"属性的音乐、食物、花园和团队,体现了从个别到一般的论证方式。

(3)类比论证

类比证明是从特殊到特殊的证明。其论点是表述特殊性知识的命题,论据是表述特殊性知识的命题。例如:

为了拯救濒临绝境的国宝——大熊猫,中国科学院武汉植物研究所的科研人员向国家提出建议:将川陕甘地区的大熊猫东移至湖北神农架地区。他们的根据是神农架地区与川陕甘的几个有大熊猫的自然保护区在生态环境方面有大量相似之处,如在海拔、纬度、植被类型、地势、地形、降雨量等方面都相类似,且神农架地区在 100 多年前本身就有大熊猫,现有的 20000 hm^2。竹类植物,可供大熊猫自然觅食的有 32 种。鉴于这些条件,他们断定了,神农架地区是大熊猫栖息、生长、繁衍的理想之地,应将川陕甘地区面临饥荒的大熊猫迁至神农架地区放养。这一建议得到了国家科委的肯定。

在这个事例中,科研人员在论证"神农架地区适合大熊猫生长"这一论题时,使用的就是类比证法。

2. 直接论证和间接论证

(1)直接论证

直接论证是用论据从正面论证论点为真的证明。这种证明是按照推理规则,由论据的真实性或者可接受性合乎逻辑地推出论点的真实性或者可接受性。

(2)间接论证

间接论证就是通过论证与论点相反的命题的虚假性或者不可接受性,来确定论点本身真实性或者可接受性的证明,包括反证法和选言证法。

1)反证法。反证法就是先论证与论点相反的命题为假,然后根据排中律确定论点为真的间接证明方法。其论证过程可以表示如下:

①求证论点:p;

②设反论点:¬p(¬p 与 p 具有矛盾关系);

③论证:¬p 假;

④根据排中律,由非 p 假,确定论点 p 真。

例如,中国古代学者王充在其《论衡》中的《论死篇》中对"人死不为鬼"的论点所作的论证,就是典型的反证法:

天志开辟,人皇以来,随寿而死;若中年夭亡,以亿万数。计今人之数不若死者多。如人死辄为鬼,则道路上,一步一鬼也。

2)选言证法。选言证法就是先论证与论点相关的其他命题为假,然后运用选言推理否定肯定式推出论点真的间接证明方法。其论证过程可以表示如下:

①求证论点:p;

②提出与论点相关的命题:q;r;……;

③论证:或者 p;或者 q;或者 r;……;

$$\frac{\text{非 q;非 r;……}}{p}$$

3.2.3　论证的功能

正如语言有许多用法一样,论证也有许多功能。传统上,人们有时错误地认为,论证的唯一功能是为特定争议主张进行辩护或证成(justify)。然而,在许多情况下,给出论证的主要目的不只是使某种主张成立,而且还要反驳另一个论证或主张,甚至还需要说服目标听众。因此,证成、反驳和说服是论证的三个基本功能。这三个功能与我们通常所说的"论辩"是密不可分。论辩者,论证、辩护也。有辩护,肯定有反驳;反之,有反驳,一定有辩护。现实生活中的自然语言论证往往是与论辩交织在一起的。

反驳即要展示对方论证是不好的。但是,反驳并不总是要提出自己的主张,有时提出对方不能回答的异议或质疑就足够了。反驳主要有三种形式:①指出对方结论不能从前提推导出来,相当于传统逻辑中所说的反驳论证方式;②指出对方的某些前提是可疑的甚至是假的,相当于传统逻辑中所说的反驳论据;③指出对方论证是循环的,这就等于说,对方并没有给出可接受的理由来支持他的主张。

反驳的任务在于推翻对方的论证。因为对方的论证有论题、论据和论证方式三个组成部分,因此,就反驳的对象而言,可以是反驳论题、反驳论据或者反驳论证方式。

反驳论题,就是确定对方所提出的论题是虚假的。在学术讨论中,由于双方的分歧主要在于各自的观点和主张不同,因此,常以对方的观点和主张,也就是对方的论题作为主要的反驳对象。在法庭辩论中,也经常将对方的论题作为主要反驳对象。

反驳论据,就是确定对方的论据是虚假的或者是未经证实的。只要能证明对方的论据是虚假的或者是未经证实的,那么,对方的论题也就失去了依据。

反驳论证方式,就是指出对方所提出的论据与所要论证的论题之间没有正确的逻辑联系。在这种情况下,即使论据是真实的,也不能从论据中推出论题来。反驳论证方式,可以直接指出对方的推理形式有错;也可以先假设对方在论证中所用的推理形式成立,由此导出荒谬的结论,从而推翻对方的论证方式。

3.2.4 论证的规则

1. 论题应当清楚、明白

论题是论证的主旨。论题应当清楚明白是说论题所表达的含义必须清楚、确切,不能含糊其辞,也不能有歧义。因此,要用明确的语言表明论题,对于论题中关键性的概念,必要时要特别加以说明或定义,以避免歧义,否则就要犯"论题模糊"的错误。

2. 论题应当保持同一

论题应当保持同一是说一个论证只能有一个论题,而且前后要一致,不能在论述过程中转移或偷换论题,要始终围绕这一论题来进行论证,也就是要遵守同一律的要求。如果论题没有保持同一,那么就会犯"转移论题"或"偷换论题"的逻辑错误。转移或偷换论题的表现形式常见的有如下两种:

①用内容完全不同的另一判断替换原论题。

②用近似于论题的判断替换原论题

常见的有"论证过多"或"论证过少"两种错误。例如,要论证"语言是没有阶级性的",而论证了"有些语言是没有阶级性的",这样的论证就犯了"论证过少"的错误。如果要论证"火星上可能有生命存在",却论证了"火星上必然有生命存在",这就犯了"论证过多"的错误。

3. 论据应当是已知为真的判断

论证是由论据的真实推出论题的真实。要证实论题成立,则必须论据真实。如果论据虚假或真实性尚未得到证明,则论题的真实就失掉了依据、支持。如果一个论证所使用的论据是虚假的,那么就犯了"虚假论据"的错误。如果一个论证是以真实性尚未被证实的判断作论据,那么就犯了"预期理由"的错误。

4. 论据的真实性不应靠论题的真实性来论证

论证是由论据的真实来确立论题的真实,如果论据的真实又需要依赖论题的真实来证实,那么两者便互为论据,互为论题,实际上没有作出任何论证。违反这条规则就犯了"循环论证"的错误。

5. 从论据应能推出论题

论据应是论题的充足理由。论据与论题之间必须具有逻辑联系,论据才能推出论题。违反这条规则就会犯"推不出"的错误。常见的"推不出"的错误有下列几种表现形式:

(1)论据与论题不相干

这是指论据与论题之间在内容上毫无关系。例如,十年动乱中一位教师因为用牛皮纸做毛选四卷的包书纸,就被打成"现行反革命"。理由是:用牛皮纸包毛选就是说毛主席的话是吹牛皮,说毛主席的话是吹牛皮的人就是现行反革命分子。这里,论据和论题是毫不相干的,因此犯了"推不出"的错误。

(2)论据不足

这是说论据应是论题的充足理由。如果论据不充分,那么由论据真实也推不出论题真实。

(3)以相对为绝对

这是指把一定条件下的真实判断当作绝对的、无条件的真实判断作为论据来使用。例如,众所周知的"刻舟求剑"的故事,其主人公正是犯了"以相对为绝对"的逻辑错误。

(4)以人为据(诉诸人身)

这是指以权威人士的言行为据,或以某某声誉不佳的人的言行为据,对某一论点进行肯定或否定,并不考虑他们的言行是否符合客观实际。这种错误实际上是以攻击或颂扬某人的个人品质代替科学的论证。

(5)违反推理规则

论证依赖于推理,论据和论题的逻辑联系体现在运用正确的推理形式上。如果论证中所运用的推理形式不正确,违反推理规则,那么,即使论据真实、充分,也不能推出论题的真实性。

3.3　识别论证

3.3.1　论证要素

根据上述广义论证的定义,论证包含三组基本要素:

（1）前提与结论

这是论证的第一个层面，其中，论证被视为一个命题序列，其真取决于其他命题真的命题被称为结论，其他命题都被作为前提。结论即是指论证者所提出的主张、立场、观点或论点；前提即是指论证者提出来支持其主张、立场、观点或论点的理由。前提是相对结论而言的，没有前提，无所谓结论，没有结论，也就无所谓前提。识别论证的第一步是要找到论证标识词。论证标识词有两类：一类是前提标识词，如"因为""由于""鉴于""根据""理由是""这么说的理由是""支持我的观点的是"等。另一类是结论标识词，如"因此""正因如此""所以""故""由此可见""总而言之""这样说来""结论是""其结果是"等。

（2）论证者与目标听众

每个论证都有一个提出者，简称为"论证者"（arguer），因此，所谓论证者就是指提出论证的人。每个论证也都至少有一个目标听众。所谓目标听众（intended audience）即是指论证者试图要说服的听众。

当然，目标听众并不必然是显性的，有时是隐性的或潜在的，如一篇论文的目标听众就是潜在的。论证者与目标听众并不必然是两个人，有时可以是同一个人，特别是个人在进行反省时，其论证者和目标听众实际上是同一个人。此外，论证者和目标听众也并不必然是人，它可以是人工智能体。

（3）论证目的

论证目的（purpose of argument）就是指论证者提出论证的目的。通常来讲，论证者提出论证的目的就是要说服目标听众接受其主张、立场、观点或论点。

其中第一组要素是形式逻辑学家们关心的对象，第二、三组要素是非形式逻辑学家、修辞学家或论辩理论家重点关心的内容。"前提与结论"这个要素通常是显性的,但也有省略前提和结论的情形,而"论证者与目标听众""论证目的"这两个要素往往是隐性的,它们属于语境要素范畴。

3.3.2　论证结构

证明作为论证,也是由三个要素构成的,即论题、论据、证明方式。

证明中的论题是要证明其真实性的命题。是立论者所要解决的问题,是证明的"灵魂",证明之中心,回答"要证明什么"的问题,通常在一证明的开头提出,或在证明的末尾归纳。在分析证明的结构时,还可以用排除论据的方法来确认、把握论题,在证明中,除表示论据的语句外,就是论题。上述实例中的"某甲的行为是故意杀人罪"即是论题。

论据是用以证明论题真实性的命题。它需要解决的问题是"用什么证明"。它应该具有真实、关联、独立三种性质,真实是建立有效论证的前提,关联、独立是相对于论题而言,无关联则不能必然推出,不独立则会使证明陷于循环。证明的论据按其性质的不同也有两类,即事实论据和理论论据。用事实证据进行证明,叫"摆事实",用理论论据证明,叫"讲道理"。只有通过"摆事实","讲道理",才会使得证明有论证性、有说服力。上述实例中"因为"后面的两个论据一为法律理论原则,一为事实证据情况,两者的结合,使论题获得了最为有效的支持。

证明方式,是论据与论题的联系方式,它要解决"怎样证明"的问题,它是证明的骨骼、脉络。也就是证明过程中所用的推理的总和。如上述实例,在证明时就采取了三段论的推理形式。结构严谨,证明方式有效,因此,具有较强的论证性和说服力。

3.3.3　论证与解释

有些论证词具有标识论证及解释（explanation）的双重作用。论证是说话者提出一个自己的主张，采用合理、充分、有说服力的理由，说服听众介绍其主张；解释是说话者用能够解释其描述的事实与原因来对他所提出的一个事实做说明。若解释出现在论证中，我们可以将它看成简单的命题。

3.3.4　前提与结论的识别

论证识别的广义作用是识别论证的三组要素和论证结构。论证识别的对象：论证目的、目标听众、论证者往往都是隐性的，给识别增加了一定的难度。识别论证的前提和结论比较容易，是因为论证的前提和结论通常情况下是显性的。

狭义上的论证识别的功能是只需识别出论证的前提和结论。这也是形成逻辑学家的论证识别所采取的方式。形成逻辑学家的具体做法是首先将论证做为一个命题序列，其他命题是真命题才能确定一个命题的真来。这好比前面所述的第一层次的论证。存在于论证序列说的那个的命题，各自承担着不同的职能。结论是命题序列中被支持的序列，前提是由支持结论的命题支持的。

条件句"如果……，那么……"是经常在论证中出现的语句。事实上"如果……，那么……"本身不能作为论证标识词，只有考虑省略内容中的论证情形才能作为表达论证的证词。例如，"如果中国队发挥不错，那么，她就会出线。"在这个条件句中位于"如果"和"那么"中间的子语为条件句的前件。将那么之后的子句称为条件句的"后件"。上述条件句中说话者并没有提出论证，论证者并没有对上述观点中的任意一个判断坚持主张。听众无法断定前件和后件的真假。通过分析做出上述评价人的陈述我们并不能得出中国人会出线的结论。他只是说如果中国人发挥的不错，那么她就不出线，或者说她并没有说明中国队究竟是否真的发挥不错。

论证的识别过程中要遵循以下原则：

①论证的结论只有一个。不止一个结论的语篇，含有不止一个的论证。传统逻辑学家沿用了亚里士多德的"论辩篇"思想，其思想中的将"结论"称为"论题"，将"前提"看作"论证"。亚里士多德的"论辩篇"思想也是我国传统历史教科书所讨论的"论证"的基本要素。辩证理论认为：前提是论证者为了主张辩论或证成所采用的理由；结论是论证者辩护或证成所维护的主张。"主张"和"理由"是非形成辩论家和逻辑学家所采取的专业术语。

②论证可以有多个前提，并且保证至少含有一个前提。

③前提和结论的判断是通过参照他们在论证中所发挥的作用来判断的。

④前提和结论的出现没有固定的顺序，有的前提可以出现在结论之前，也可以先出现前提后下结论。

⑤结论在论证的存在形式可以是显性的，也可以是隐性的。

⑥任何论证所具有的前提都必须是真的，论证者还坚信其结果必须为真，或者肯能为真。

3.3.5 识别没带标识词的论证的前提和结论

如果一个论证中缺乏论证标识词，那么寻找他的前提和结论就是一件比较困难的事情。寻找缺乏论证前提和结论的方法有两种：

①弄清论证者提出论证的具体语境即语境识别法。

②通过弄清论证者提出论证的目的是论证还是解释的意图识别法。

论证者的论证辨别的前提和结论寻找的顺序是首先寻找语境线索,如果没有找到,那么就可以用其他方式来寻找论证。论证提出者的真正目的在于使听者或读者能够正确地解释论证。换句话说,论证者的真实意图是论证变得可接受。如果我们无法从言辞、语境的角度来看清楚其意图,那么我们可以通过考虑其他非言辞的语境,使论证变得更加清楚。使论证变得更加清楚,可以通过分析某件事情的具体情景来实现。

很多情况下,我们并不能清楚地分析一个语篇究竟是解释还是论证,将这样的形式称为两可情形。识别两可情形的具体做法是可将两可情形作为论证,使其遵循"宽容原则"也就是最大优化论证解释策略。

以宽容原则为依据,将也许正好评论或解释的任何话语都可以看作论证。这有就放大了论证的范畴,有时我们辨别话语的辩论功能就变得比较模糊。为此尽量避免遗漏能表明论证者意图的重要话语。

如果其他有意义的解释不存在,而且没有充分的证据证明某一天个话语是谎话,我们应当遵循最大化论证解释策略。

3.4　论证评价

论证评价的标准很多,不同学科领域有不同的论证评价标准。但是,这些不同标准之间又有共同的东西。一般来讲,这些共同的论证评价标准有三组:一是逻辑标准,二是修辞标准,三是论辩标准。其中,逻辑标准有形式逻辑标准、归纳逻辑标准和非形式逻辑标准之分。根据论辩标准或修辞标准评价论证,与论证目的、论证者以及目标听众的识别密切相关。但这三种评价标准评价的结果并不总是一致的。

很显然,在亚里士多德那里,分析标准、修辞标准和论辩标准就被当作论证评价的三条基本标准。其中,分析标准(analystic criterion)就是指我们通常所说的三段论标准或亚里士多德逻辑标准。当代逻辑学家也注意到除分析标准之外的其他标准。如苏珊·哈克认为,论证评价的标准是逻辑标准、实质标准和修辞标准,其中,逻辑标准(logical criterion)讨论的是前提与结论之间的恰当关系;实质标准(material criterion)讨论的是前提和结论的真假;修辞标准(Rhetorical criterion)讨论的是论证对听众是否具有说服力、吸引力和有趣。科恩认为,论证评价涉及许多学科,如伦理学、政治学、美学、认识论、心理学、法学等,但就理性说服目的而言,主要依赖三种标准,即:逻辑标准、修辞标准和论辩标准(dialectical criterion)。实际上,苏珊·哈克和科恩的"逻辑标准"就是亚里士多德的"分析标准",也即演绎逻辑标准。

根据当前主流观点,逻辑学是关于论证的科学,但它又不是而且也不可能是涉及处理论证的各个方面的科学,其主要任务是研究如何将好论证与不好论证相区别开来。如何区别论证的好与不好,从逻辑学角度来看,目前主要有三种不同的标准:一是演绎逻辑标准;二是归纳逻辑标准;三是非形式逻辑标准。

1. 演绎逻辑标准

演绎逻辑标准是演绎逻辑研究的对象。根据演绎逻辑标准,一个论证是好的,当且仅当,它是可靠的。"论证可靠"是什么意思呢？一个论证是可靠的,必须满足两个条件:①所有前提都为真;②推理形式有效。这里的推理形式有效,也就是我们通常所说的演绎有效。从一般意义上来讲,演绎有效性是指:一个论证是演绎有效的,当且仅当,其所有前提均真而结论假是不可能的。

这条标准仅仅是说在演绎有效的论证中"所有前提均真而结论为假是不可能的",或者说,只断定了"所有前提均真且结论为真的论证才是演绎有效的"。相应地,如果所有前提均真而结论为假,那么,这个论证是演绎无效的。对于"所有前提假且结论假""部分前提假且结论为假""所有前提均假而结论为真""部分前提为假而结论为真"的情形并没有做出任何断定。换句话说,在这些情形下,一个论证是否演绎有效,这是不清楚的。因此,从演绎有效性标准来看,论证可分为布效论证、无效论证和不确定论证。为了更加直观一些,我们用表 3-1 表示。

表 3-1

序号	前提	结论	论证
1	所有前提为真	结论为真	有效
2	所有前提为真	结论为假	无效
3	所有前提为假	结论为假	未断定
4	所有前提为假	结论为真	未断定
5	部分前提为真且部分前提为假	结论为真	未断定
6	部分前提为真且部分前提为假	结论为假	未断定

2. 归纳逻辑标准

归纳逻辑标准是归纳逻辑所研究的对象。根据归纳逻辑标准,一个论证是好的,当且仅当,它是归纳上强的。归纳强度标准是指：一个论证是归纳上强的，当且仅当，所有前提均真而结论正如该论证所主张的那样可能真。根据归纳逻辑标准，一个论证所有前提均为真而结论为假也是可能的。

归纳强度是衡量归纳论证好与不好的根本标准。根据归纳强度标准，如果一个论证的所有前提均真而结论不如论证所主张的那样可能真，那么该论证就是归纳上不强的。例如，我见过许多蒙古人，他们都能歌善舞，因此，所有蒙古人都能歌善舞。在这个论证中，结论"所有蒙古人都能歌善舞"显然不如论证所主张的那样可能真，因此，这是一个归纳上不强的论证，也就是一个不好的归纳论证。然而，有少数学者也会把归纳上强的论证称为"归纳有效论证"，相应地，把归纳上不强的论证称为"归纳无效论证"。不过，绝大多数逻辑学家并不喜欢使用这样的术语，因为在通常情况下逻辑学家们一说到"有效性"仅仅是指演绎有效性。

3. 非形式逻辑标准

非形式逻辑标准是非形式逻辑研究的对象。根据非形式逻辑标准，一个论证是好的，当且仅当：(1)所有前提均可接受；(2)前提与结论相关；且(3)前提对结论提供了足够支持。

非形式逻辑标准与演绎有效性标准和归纳强度标准的不同表现在两个方面：(1)非形式逻辑学家常常用"可接受"和"不可接受"取代了演绎逻辑和归纳逻辑中作为命题基本特征的"真"和"假"。要判断一个命题的真或假，有时是很容易的，有时却是十分困难的，甚至是不可能的。例如，关于事实命题，我们可以通过观察、实验、查文献等方式判定其真假，但关于价值命题，由于它本身并无真假可言，要判定其真假是不可能的。但无论是事实命题还是价值命题，我们要判定其是否可接受，这总是可能的。(2)前提与结论之间的支持关系不仅涵盖演绎支持关系，还涵盖了归纳支持关系,甚至还涵盖了既非演绎支持也非归纳支持关系,如沃尔顿的似真支持(plausible support)、皮尔士的回溯支持(abductive sport)等。

人们通常把命题区分为事实命题和非事实命题,并认为通常情况下事实命题比较容易判断其真或假,而非事实命题要判断其真假是比较困难的。

首先,事实命题真假的判断通过查文献、观察、实践等感知方法就可以判断。比如,“《西游记》的作者是吴承恩”和“《三国志》的作者是诸葛亮”这两个命题,我们通常查一查有关资料就一定能够判断前者为真后者为假。再如,“广州在南宁东边”这个命题,我们查查地图就一定能够判断其为真。但是,并非所有事实命题都是可以判断其真假的。例如,“地心是由液体物质组成的”这个命题,凭借我们现代的科学手段是无法判断其真假的。再如,“外星人是存在的”,我们既不能通过某种方法判定它为真,也无法借助某种手段判定其为假。

其次,非事实命题真假的判断是比较困难的,通常需要借助论证。这类命题的代表是价值命题。例如,“女子无才便是德”“知识越多越反动”之类的命题。它们是价值命题,其到底是真的还是假的呢?往往无法通过某种直接方法或凭借人们的感知去判断其可接受性,而需要通过论证来证明其可接受性。在辩论赛中,正反双方的辩题一般应当是价值命题,而且应当是其可接受性取决于论证的价值命题。否则,辩论赛的辩题出题者所给出的命题是不成功的。比如,某辩论赛的辩题是“马克思主义哲学是否过时”。假如在我国当今这个社会背景之下,这个辩题的反方肯定处于不利地位。既然价值命题的真假取决于论证,这等于说价值命题其实并没有真假可言,而只有可接受或不可接受之说。

在传统逻辑教科书中,人们有时也把传统演绎逻辑和传统归纳逻辑统称为"形式逻辑"。事实上,严格说来,形式逻辑仅仅是指演绎逻辑,其中形式逻辑有传统形式逻辑和现代形式逻辑之分。前者是指亚里士多德三段论逻辑和斯多葛命题逻辑,而后者是指符号逻辑。符号逻辑的核心部分是数理逻辑。数理逻辑又包括命题演算、谓词演算、模型论、递归论、证明论、集合论等。其中,命题演算和谓词演算又被统称为两个演算,其中,前者是零阶逻辑,后者是一阶逻辑,是整个现代逻辑大厦的基础部分。模型论、递归论、证明论和集合论通常被统称为"四论",且通常被作为数理基础理论的分支。除了数理逻辑之外,建立在一阶逻辑基础之上的非经典逻辑或哲学逻辑各个分支也都属于符号逻辑范畴。

3.5 论辩与辩论

3.5.1 论辩的概念与特征

论辩,有争辩、论争、论战之意。通常是指持有不同见解的各方,在运用逻辑规律和规则的基础上,彼此为抒己见而进行的论证和反驳的说理过程。日常应用中有两种提法:"辩论"与"论辩"。就本质而言,"辩论"与"论辩"并没有什么不同,两者都由辩驳——"辩"和说理——"论"两大部分组成。二者所不同的是:"辩论"以辩驳为主,"论"为辩驳作铺垫,本身是辩驳的重要组成部分之一;"论辩"则以说理——"论"为主,"辩"为论服务,目的是为了更深入地说明理由,强化"论"的效果。在本书的论述中,根据需要,强调的方面不同,或采用"论辩"的说法,或采用"辩论"的说法。

从逻辑的角度看,论辩属于论证应用的现实表现形式,具有一般论证的基本特征;从论证的目的看,它又与一般的论证不同。它具有以下典型特征:

(1)论辩具有对抗性

论辩在本质上是关于同一事物的是非之争,是辩论者相互之间对某一问题的证明、质疑、辩驳,最终趋于正确认识或达到某种共识的言辞对抗。它与一般单向传播的演讲及双向传播的一般性对话有本质的不同。

(2)论辩具有针对性

论辩总是针对对方言词有感而发。它与一般的泛泛之谈,内心独白有本质不同,没有了针对性,也就没有了论争,论辩也就失去了其应有的意义。

(3)论辩参与者具有特定的主体性

特定的主体性,表明论辩是在特定的参与者之间展开的。除论辩参与者以外,其他人无权参与,概不能言。如法庭论辩,辩论赛中的论辩参与主体的特定性尤为凸显。

(4)论辩具有特定的时空性、时效性

论辩只能在限制的时空条件下完成,超过时限,论辩的任何一方,即使能够提出强有力的论据,也无法使其主张的合理性使敌论主张的合理性有所减少。

明确上述诸特征,有助于对论辩及其规律的认识和把握。

从日常应用的角度看,论辩是一种多门学科知识相结合运用的综合性艺术形式,论辩的目的是借助论辩者的言语行为实现的,它涉及语言、修辞、思维等诸方面的综合技能,它对论辩参与者的素质、技能要求很高。要想在论辩中获胜,除掌握相关的知识外,还需要结合具体论辩形式做到理正而有技巧。理正,意味着占有真理,能抵御无理的狡辩、歪理的谬辩,揭穿诡辩者的伎俩;有技巧,则意味着,论辩中能在高明的策略之下将犀利的语言、炽烈的感情与广博的知识和严密的逻辑有效地结合起来,灵活敏捷地组织起有效的反击。故而在实际论辩时,应结合不同目的巧学善用,灵活应对。

3.5.2 法律论辩

1. 法律论辩的概念和特征

法律论辩是指在诉讼、仲裁以及其他解决争议或纠纷的法律活动中,公诉人、当事人以及其他参与人围绕争议焦点,根据有关证据和法律的规定,在法定程序下,以口头或书面形式展开的论证和辩论活动,以期对争议焦点或纠纷从事实上和法律上得出正确的认识并获得正确、合法、公正的解决。

从上述概念可以看出,本书所讲的法律论辩具有以下特征:

(1)活动阶段具有特定性

即它发生在诉讼、仲裁以及其他解决争议或纠纷的法律活动中。

(2)参与主体具有特定性

法律论辩的主体为:发生争议或纠纷的公诉人、当事人及其他参与人。一般分为两方,个别情况下可以是三方。并非任何人都可以参加,只有符合法律规定的条件才可以参加。应当注意,法律论辩的主体必须是与他人发生争议或纠纷的人,包括自然人、法人及其他组织。不是参加法律论辩活动的人都是法律论辩的主体。

(3)论辩的内容与论辩的目的具有关联性

主要是围绕争议和纠纷事实,依据有关证据和法律规定针对涉及案件处理结果的事实、法律和程序问题展开论证和辩论。

（4）论辩的形式具有程序性

法律论辩一般是在在法定程序下，按照一定规则以口头或书面形式进行的。

（5）论辩目的的实现具有确定性

通过法律论辩以期对争议或纠纷从事实上和法律上得出正确的认识并获得正确、合法、公正的解决。

认识这些特征，有助于我们正确地理解和掌握法律论辩的概念，有助于正确地参加法律辩论，实现法律论辩的目的。

2. 法律论辩的几种主要方式

（1）以法律论辩的表达形式分类

从法律论辩的表达形式看，主要有口头论辩和书面论辩两种形式。口头论辩，是指论辩各方以有声语言的形式展开的论辩，如律师和公诉人的当庭发言。其特点在于可以充分发挥有声语言的优势，使论辩过程生动、感人、直接，达到其他论辩方式无法比拟的效果。其现场性和公开性易于对多方产生影响，临场调整，灵活性强，与态势语言相结合，能有效增强论辩的效果。

书面论辩，是指论辩各方以书面形式表示各自的观点和意见的方式，如起诉状、上诉状、答辩状、辩护词、代理词等。其特点在于不受时间、地点限制弥补口头论辩不足，便于查询。但难以及时调整，表现力和感染力不如口头论辩。

（2）从法律辩论发生的场合分类

从法律辩论发生的场合看，主要有庭上辩论与庭下辩论两种。

庭上论辩指论辩各方在审判庭、仲裁庭和听证场所上所进行的论辩。其特点在于必须严格遵守程序，表现形式比较激烈，论辩者的情绪、思路、观点不同程度上受主持者的影响和制约。

庭下论辩,指论辩在审判庭、仲裁庭、听证场所以外所进行的论辩。没有特别严格的程序约束,受诸多因素的影响,观点不能即时交锋,论辩往往进行得不彻底。

(3)以法律辩论借以实现的程序分类

从法律辩论借以实现的程序看,主要有诉讼辩论与仲裁论辩、行政处罚论辩、行政复议论辩诉讼论辩,指在人民法院适用诉讼法审理案件过程中的论辩。包括刑事诉讼论辩、民事(经济)诉讼论辩和行政诉讼论辩。具有程序性、规范性、严肃性、救济性强等特点。

仲裁活动及行政处罚、行政复议中发生的法律论辩涉及仲裁论辩、行政处罚论辩、行政复议论辩,其论辩程序弹性大,程序本身具有终局性,不可在程序内进行救济,论辩者必须把握好这次救济机会,毕其功于一役。

3. 法律论辩的基本步骤

法律论辩的基本步骤,指实施法律论辩的不同工作及其时间顺序。根据各个时期的不同工作内容,可分为准备阶段、论辩阶段和完善补充阶段。

(1)准备阶段

工作的内容主要是:充分熟悉案件事实并对案件性质形成初步的认识,对法律适用进行分析论证、确定论辩的角度和论辩的主要观点、决定论辩方案和提纲、确定论辩策略、撰写论辩书面材料等。

(2)论辩阶段

工作内容因论辩方式、类型不同而不同。

(3)完善补充阶段

工作内容主要是:在庭上口头论辩之后法院作出判决之前,

论辩各方为弥补口头论辩之不足将有关内容加以书面化的工作。如代理词、辩护词、证据目录、证据异议的书面材料等的书面化。

4. 法律论辩中的常见错误或失误

（1）运用证据的错误或失误

运用证据是法律论辩的中心工作，运用的方式方法是否得当，分析评价是否合情合理，直接关系到法律论辩的成败。这方面的常见错误有：引证不确定、引证不充分、引用的证据程序来源不合法、引证与证明对象之间的关系不明确、质证失误等。

（2）适用法律错误或失误

在澄清事实的基础上，正确地适用法律才是法律论辩的目的。实务中，这方面的常见错误或失误有引用法律不明确、法律依据缺乏、曲解法律等。

（3）论辩表达失当

法律论辩，不只"讲"事实，还要"演"事实。语言失范、表演成分过重、情感表达失当都不可能有效地解决争议，都会直接影响法律论辩目的的实现。

3.5.3　辩论赛

1. 辩论的概念

辩论，是人们对同一个对象持相互对立立场下展开争论的过程。它是一个包含了"开始—展开—终结"的完整过程；是一个由一系列论述、反驳和辩护组成的争论过程。这个过程有时表现为辩论双方对问题商榷、求同存异、最终取得一致的过程，有时又是批驳谬误、探求真理的过程；有时则是针锋相对、捍卫当权益的过程。至于零散的议论、变换主题的交谈,即使中途有什么争执也不能算作辩论。

2. 辩论的要素

辩论由辩题、立论者、驳论者三要素组成,缺一则不成其为辩论。

（1）辩题

辩题是辩论的客体,是辩论行为所指的对象,是辩论的中心问题。

辩论应当围绕它来进行,在整个辩论过程中应一贯到底。

辩题的确定,可以事先约定,也可以即兴确定;可以自己主动确定,也可以别人指定;可以是事实命题,也可以是价值命题。例如:"离婚率上升是社会文明进步的表现",是一事实命题,而"医学发展应有伦理界限"则是一价值命题。辩题的确定应这种考虑两个因素:一是辩题要有辩论价值,二是辩题能使辩论各方引起和展开辩论。是非早有定论,常识即可判定是非的问题皆为不可辩的问题。

（2）立论者

立论者是指主动提出论点或辩论立场的人。在整个辩论过程中,以维护自身的立场为主进行辩护。

（3）驳论者

驳论者是对"立论者"的观点、立场进行反驳的人。

立论者和驳论者是辩论的主体,在辩论中必须具备这两个要素,但参与辩论各方担当的角色不一定是"从一而终"的。"立论者"和"驳论者"在实际辩论中也会发生一定的角色转换。

3. 辩论赛的过程

辩论赛是一种典型的辩论竞技形式。在国际上叫国际雄辩赛。它的发端可以追溯到 1922 年。最先由英美两国发起,以后遍及 40 多个国家和地区。自 20 世纪 80 年代末至今,这种辩论竞技形式在国际国内各大学和校际之间广为流行。这种竞技形式,一般多由辩论双方组成代表队,辩论的题目在赛前事先确定,可涉及政治、法律、经济、社会、道德、伦理、文化等各种领域。题目多是一个就人们所关注的问题提出的命题。支持这一命题的辩论一方为正方,反驳这一命题的辩论一方为反方。双方的胜负由评委会当场依评分和讨论裁决。

评分的标准往往包括立论、辞令、资料的掌握与运用、辩论风度等等。

通常,一场完整的辩论赛与其他一般类型的辩论有所不同,主要表现为:

①辩论双方的立场是事先抽签决定的;

②辩论双方均有反驳与辩护的责任;

③论有时限,强制终结。

从辩论的展开来看,辩论赛一般有三个阶段:

(1)开始阶段——陈词

无论是个人比赛还是团体比赛,都必须有一个陈述本方立场以及支持该立场的主要依据,为后面的辩论作铺垫。如果没有陈词的铺垫,辩论就只能根据限定的立场,想象对方的论证依据,作想当然的进攻和辩护,无的放矢。没有了针对性,辩论自然也没有了深度、效果也不会理想。

(2)展开阶段——辩论

在双方陈词的基础上,进行针锋相对的辩驳。在一般的辩论赛里或者是"自由辩论",或者是"相互盘问"。这一阶段是辩论赛的高潮阶段。自由辩论的进程很快,态势瞬息万变。捕捉到的信息比较零乱,有效价值不大。

（3）终结阶段——总结陈词

由每方的"结辩手"对全场的辩论进行总结。当然,总结不应是陈词的简单重复,应该是整场辩论的升华。根据辩论的态势,系统归纳对方的矛盾与问题,并再一次进行全面地反驳;系统归纳本方的立论与依据,并在价值层面上予以提高。这三个阶段对一场完整的辩论赛而言是缺一不可的,应当充分认识到每一阶段的主要任务和价值所在。

从辩论赛的过程看,论辩的任一方在论辩的过程中都应当建立起一种"起承转合"的论辩的内在联系。以新加坡辩论模式为例,四位辩手的陈词间的内在联系可这样认识:

①一辩的"起":开宗明义,表明立场,阐明主要因果关系。

②二辩的"承":合理演绎,提供充分论据,理论引用得当,说理透彻。

③三辩的"转":由说理转入事实论证,从社会实践的角度对立场作更深入的剖析。

④四辩的"合":系统归纳、批驳对方的矛盾与失误。将辩题的内涵升华,从价值判断高度总结本方立场。这种"起承转合"构成了一方辩论情况展开的主线。

3.5.4　论辩与辩论的逻辑应用技巧分析

论辩与辩论技巧是论辩、辩论制胜必备的技能因素,是能力的体现。灵活、主动、自然、准确地运用技巧,有助于论辩内容的具体表达,在论辩实践中具有特殊的重要作用。

由于论辩是一种多门学科知识相结合运用的综合性艺术形式,因此,论辩的技巧不仅包括论辩思维与方法的逻辑技巧,而且包括论辩材料(口语、态势、心理、有关实物等)的应用方式的表达技巧。这里,我们仅以辩论赛和法庭论辩为例,从逻辑方面对论辩与辩论技巧作简要分析。

1. 辩论赛中的逻辑分析技巧

(1)辩题分析技巧

辩论赛中的辩题,一般都是预先确定的。对辩题的理解直接影响辩论的设计,甚至决定辩论比赛的成败。立论一方运用逻辑技巧的进行"破题",首先需要从辩题的逻辑形式表现展开思考。

例如:

①美是主观感受(正方)

美是客观感受(反方)

②钱是万恶之源(正方)

钱不是万恶之源(反方)

③知难行易(正方)

知易行难(反方)

④外来文化对民族文化的发展利大于弊(正方)

外来文化对民族文化的发展弊大于利(反方)

⑤发展教育应当提高教育经费(正方)

发展教育不应当提高教育经费(反方)

⑥生态危机可能会毁灭人类(正方)

生态危机不可能毁灭人类(反方)

上述实例中,①、②涉及的是性质命题,③涉及的是复合命题,④涉及的是关系命题,⑤涉及的是规范命题,⑥涉及的是模态命题。关注每一命题形式的逻辑构成要素,对辩题的分析具有重要的意义。针对例⑥,反方应当如何破题立论呢?从持有相反观点进行反驳来看,反方可以着眼于两个命题的逻辑思考:"生态危机不可能会毁灭人类"与"生态危机可能不会毁灭人类"。命题"生态危机不可能会毁灭人类"虽然对正方观点具有强有力的反驳,但要证明这一观点难度较大。命题"生态危机可能不会毁灭人类"与正方观点具有下反对关系,证明的难度与正方相当,且正方观点的成立不能排除反方持有的观点,在辩论中,正方要反驳倒反方的观点显然很难。从逻辑角度思考反方观点的选择具有重要的意义。

其次,关注辩题内容进行两个方面的思考。一方面要对辩题作出有利于自己的解释,另一方面还需要结合辩题的性质,看其是涉及一事实命题还是一价值命题,从逻辑角度考虑这种解释是否为大多数人所接受,即"公认的"标准。否则,一种解释虽有利于自身而并不为大多数人所接受,则很难抵挡驳论一方的攻击。例如,有一次辩论赛,辩题是"进口高档消费品利大于弊",当时人们对这个问题的看法不利于立论一方,尤其是对大量进口小汽车,群众的意见很大。在这种情况下,立论一方没有退缩,他们在破题中很下功夫,认定小汽车不在辩论的范围以内。理由是:虽然在西方发达国家小汽车是消费品,但在当时的中国,小汽车还远远不为广大人民的生活所必需,所以不能称为消费品。对辩题的这种限制解释消除了辩论中可能出现的不利因素,使得反方不得不接受,正由于此,立论一方为自己争得了主动,最后取得了这场比赛的胜利。

(2)论据组织技巧

辩论赛中,逻辑技巧的运用还在于巧妙地选择和使用论据。在辩论中,论据是证明辩题构成辩词的依据,因此,无论怎样的立论或论辩都必须以论据为依据。毫无疑问,论据的质量较之论据的数量更为重要,选择论据应注意典型性,典型、真实、科学的论据说服力更强。一般而言,充足而全面的论据才谈得上典型性。此外,论辩总是有层次、有节奏地展开,选择和使用论据,应贯彻论辩的整体策略意图。认真地分析对方可能采取的进攻方式,可能提出的问题,并一一作出对策是十分必要的。譬如,在临场辩论中,当对方攻击自己准备最充分、最有说服力、最能够吸引观众、说服评判的问题,可以暂时含而不露,一旦时机成熟,把对方诱入陷阱后,突然抛出最有力的论据,一定会使对方措手不及,无言以对。从而实现自己的总体意图。例如,北京大学辩论队在与香港中文大学辩论队就辩题"发展旅游业利大于弊还是弊大于利"进行辩论比赛时,为我们提供了一个很好的范例。很显然,发展旅游业利大还是弊大,不能笼统而论。因为,辩题本身并没有提出任何条件,所以,任何一方加上条件就可能视为跑题。北大队正是看到了这一点,在临场辩论中,先是提出"香港旅游业的弊处,恐怕你们不会不了解吧?""发展旅游业带来这么多弊处是谁造成的呢?"等题,给香港中大队先造成一种胸中无数,口中无词的错觉,一步步使中大队步入"具体条件"陷阱。最后抛出有力一击:你们列举了那么多成功的例子,意思无非是说因为具备了这些条件,这些国家的旅游业才搞得好,但很遗憾,本辩题并不是"在一定条件下发展旅游业利大于弊",所以,首先你们跑了题;其次,如果你们所说的这些条件不具备,发展旅游业还能说是利大于弊吗? 至此,香港中大队已再无反击之力,而北大队则因部署得当,实现了自己的策略意图。

(3)论证方式的运用技巧

辩论赛中逻辑技巧的运用还在于合法、巧妙地运用论证方式。合法地应用论证方式,也就是合乎逻辑规则地连接论题与论据。巧妙地应用论证方式,则在于证明和反驳的各有关方法的灵活运用。如归谬反驳、二难反驳、比较反驳,都有很强的论证性,不仅具有一定的说服力,而且具有一定的感染力。

2. 法庭论辩中的逻辑分析技巧

法庭论辩是诉讼的手段,诉讼又是诉讼当事人为保护或争取某种利益而发动起来的。论辩对抗是一种权益的对抗,在法庭论辩中,最大限度地促成自己的或公众的利益,争取这种合法权益是其直接目的。因此,法庭论辩不是单纯的辩技表演与竞赛,控辩双方的论辩都必须符合法律的原则和精神。从这一特点出发,法庭论辩中的技巧应用有其特殊性,实务操作中应给予足够的注意。

(1)争议焦点——辩题的确定

从辩题的角度看,法庭论辩的辩题不同于竞赛的辩题,它不是事先拟好的,也不是通过抽签确定的。它是控、辩双方根据某一具体诉讼的具体情况而选择出来的,并在法庭论辩中把它确定下来。它具有法律诉讼性、临庭确认性、结论确定性的特征。这些特征决定了法庭论辩的辩题选择具有十分重要的意义。在实践中,提出辩题与解释辩题都具有选择辩题的意义,如何选择,选择什么样的辩题就有技巧的问题。一般而言,辩题应选择自信、可辩、打击力强、出奇制胜的辩题。此外,法庭论辩的辩题应是真实可靠的命题。如果论辩的命题虚假、不成立,则整个论辩将是彻头彻尾的虚假。论辩中,揭露对方论题的虚假性,利用反驳的形式往往有使对方遭到毁灭性打击的效应。

(2)证据的选择、质辩、确认

从论据的角度看,法庭论辩所使用的论据与材料,也具有法律及法庭诉讼的特点。事实和证据作为法庭论辩的论据,必须具有法律的确实性,即其必须符合法律规定,又必须是真实、完全、充分的;事实和证据作为法庭论辩的论据,必须经过法庭的调查与质证,因此,它又具有法庭的确认性。当然,任何意义的论据材料都是静态的,本身并不产生什么效果,只有当其在论辩中被选择和使用后,才产生和释放能量。一般地说,法庭论辩对论据的选择更应当考虑其真实性、典型性、科学性。例如,刑事诉讼中的被告人供述,其反映的事实或者依人们的理智判断为真,或者确实是客观事实的真实反映,具有客观的真实性。但如果没有其他证据证实,依照我国刑事诉讼法的规定,仍不能作为定案的根据,亦即缺乏法律的真实性,如以此为论据,则其论辩在法律上是不真实的。再如,以法学观点和成果作为法庭论辩的论据,应以符合现行法律规定为前提,在这个基础上,被公认的法学观点可以成为论据。而法学界争议的学术观点,因其尚不确定,不能成为法庭论辩之论据,以免将法庭论辩变为学术论辩。选择和使用论据的策略,应该根据总的论辩构想,有理有节,始终把握论辩主动权,理智地引导辩论。选择和使用法庭论辩的论据,还应该具有通俗意识,过于深奥或解释颇费周折的论据,一般不宜选用,以免分散论辩的主题,影响论辩的效果。

（3）严密合理的论证方式

法庭论辩的逻辑技巧运用还在于必须善于向人们揭示那些论据材料是如何证明或反驳论题的。从逻辑上讲,必须解决论证方式的正确性问题。只有运用严密合理的论证方式,将论据与论题有机地结合起来,论辩才能是客观的、科学的,才能避免强词夺理,主观武断,才能有理、有术地赢得辩论。必须强调:每个法庭论辩者应当掌握逻辑推理的原理,遵守推理规则,灵活使用证明与反驳的具体方法与技巧。从法庭辩论的实际看,刑事诉讼的证明与民事诉讼的证明有很大的不同。刑事诉讼的证明要求"严格证明",这意味着归纳、类比论证的组织方式不能采用。而民事诉讼的证明只要求"合理化证明",论证的方式并无严格的限制。

法庭论辩是复杂的,论辩技巧是多变的,论辩虽有章法,但却无定法。分析是容易的,但灵活、恰当地将技巧应用于实务则是不易的。论辩技巧理论与实践的统一,法庭论辩内容与形式的统一,论辩有效性与论辩说服力的统一始终是我们追求的最高目标。

3.6　反驳

3.6.1　反驳的概念

反驳是特殊形式的证明,反驳是论者通过一定的逻辑形式,组织某个或某些命题来确定某待证命题不成立的思维过程。从逻辑上讲,利用一些命题确定某一命题的真实性叫证明,利用一些命题确定某一命题的虚假性叫反驳。可以说,反驳与证明既相互对立,又相反相成。"不破不立",不驳倒错误的东西,正确的东西就立不起来。证明了一个论题,就意味着否定了它的反论题,同样的,反驳了一个论题,意味着肯定了它的反论题。证明和反驳同是论证这一整体的两个组成部分。广义的逻辑证明也包含了反驳。

例如,中世纪的神学家们宣称:上帝是无所不在,无所不知,无所不能的。我们这个世界就是由这个"全知、全能、全善"的上帝创造出来的。对此,当时就有人巧妙地做了反驳:上帝能否创造一块连他自己也举不起来的石头? 如果上帝能创造一块连他自己也举不起来的石头,那么上帝就不是全能的(因为有一块石头他举不起来);如果上帝不能创造一块连他自己也举不起来的石头,那么上帝也不是全能的(因为有一块石头他不能创造)。或者上帝能创造一块连他自己也举不起来的石头,或者上帝不能创造一块连他自己也举不起来的石头;总之,上帝不会是全能的。这一反驳在逻辑上是十分严密的,切中要害的。

反驳与论证既互相区别,又互相联系。

反驳与论证的区别在于:论证是要确定某一判断的真实性;反驳是确定对方论题的虚假性或不能成立;论证的作用在探求真理、阐明真理、宣传真理;反驳的作用在于揭露谬误,捍卫真理。前者即所谓的"立",后者即所谓的"破"。

反驳与论证的联系在于:反驳是一种特殊的论证,它既要指出被反驳论题的虚假,同时也要论证它为何虚假;反驳与论证是相辅相成的,如果确定了一个判断的真实性,同时也意味着确定了与之相矛盾的判断的虚假性,相反,如果确定了一个判断的虚假性,也就意味着确定了与之矛盾的判断的真实性;反驳和论证的作用是一致的,其目的都是为了坚持真理,修正错误;在实际中,往往破中有立,立中有破,二者总是密切联系的;反驳作为论证的一种特殊形式,其规则也是和论证相同的,因此,论证的各项规则也都可以看做是反驳的规则。

反驳由被反驳的论题、反驳的论据和反驳方式构成。

所谓被反驳的论题,就是在反驳中需要确定为虚假的判断。如上例中"上帝是全能的"即为被反驳的论题。

在反驳中,用来作为确定对方论题的虚假或不成立的根据就是反驳的论据,如上例中的"如果上帝能创造……举不起来的石头。"就是论据。

反驳中所运用的推理形式,就是反驳方式。如上例中即为演绎推理中的二难推理。通过假设包含内在矛盾的情况即上帝能否创造一块他自己也举不起来的石头,列举出它的所有可能性即能与不能,推出上帝不会是全能的结论。

3.6.2 反驳的类型与组成

1. 反驳的类型

根据反驳对象的不同,可将反驳分为反驳论题、反驳论据、反驳论证方式三种。反驳论题是确定对方论题的虚假性。反驳论据是确定对方论据的虚假性。如果对方论据虚假,那么其论题也就失掉了理由,论证也就不能成立。反驳论证方式是确定对方的论证方式不能成立,由论据推不出论题,这就说明对方的论证不具有逻辑性即论证性。这三者之中以反驳论题的力度为最强。

根据反驳时使用的推理形式的不同,可将反驳分为演绎反驳和归纳反驳。演绎反驳即反驳时使用的是演绎推理;归纳反驳即反驳时使用的是归纳推理。

2. 反驳的组成

从结构上看,反驳也由三个部分组成:

①被反驳的论题。这是在反驳中要被确定为虚假的命题。它所回答的是"要反驳什么"这一问题。

②反驳的论据。这是在反驳中引用来作为反驳根据的命题。它所回答的是"用什么来反驳"这一问题。

③反驳方式。这是在反驳过程中所运用的推理形式。它所回答的是"怎样来反驳"这一问题。

反驳在日常思维,尤其是在论战的场合,经常被应用。例如:

有一次,俄国著名作家赫尔岑应朋友的邀请去参加一个音乐会。音乐会的节目刚开始不久,赫尔岑就十分厌烦地用双手捂住耳朵,打起瞌睡来了。这时,女主人对赫尔岑的反常举动感到非常奇怪,便走到他的身边,轻轻推了赫尔岑一下,问他:"先生,您身体不舒服吗?"

"不,我身体很好,夫人。"

"噢,您不喜欢音乐?"

"哪里!我喜欢优雅的高尚的音乐。不过……"赫尔岑指着演奏的地方,摇摇头说,"这种低级的轻佻的音乐有什么好听的!"

女主人惊叫起来:"您说的什么呀?我们的作家!这里演奏的都是世界上最流行的歌曲呀!难道还不高尚吗?"

赫尔岑平心静气地反问女主人:"难道流行的东西都是高尚的吗?"

女主人对赫尔岑的反问不以为然,不服气地说:"流行的东西当然是高尚的,不高尚的东西怎么能够流行呢?"

赫尔岑听了女主人的这句话,哈哈一笑,幽默地说:"那么,流行性感冒也是高尚的了!"

"这——"女主人红着脖子,说不出话来。

在这里,赫尔岑用幽默的语言反驳了女主人。

反驳的任务在于推翻对方的论证。因为对方的论证有论题、论据和论证方式三个组成部分,因此,就反驳的对象而言,可以是反驳论题、反驳论据或者反驳论证方式。

反驳论题,就是确定对方所提出的论题是虚假的。在学术讨论中,由于双方的分歧主要在于各自的观点和主张不同,因此,常以对方的观点和主张,也就是对方的论题作为主要的反驳对象。在法庭辩论中,也经常将对方的论题作为主要反驳对象。例如:

1979年某县发生了一起一个精神病患者服用瓜蒂中毒死亡的案件。由于给病人开方的是回乡复员军人,他虽然在部队时担任过医务人员,但复员后并不具有医生身份,县人民检察院就以被告犯有非法行医、骗取钱财、致人死亡的罪名向县人民法院提起公诉。辩护律师在法庭辩论中指出："我认为,公诉人认定被告犯有非法行医、骗取钱财、致人死亡的罪名,不能成立。"接着辩护律师提出大量论据,分别对于这三个罪名进行了反驳。最后,辩护律师做出这样的结论:"综上所述,我认为对被告人追究刑事责任,不仅没有法律上的根据,也违背人情常理。根据上述理由,法庭应宣告被告人无罪。"

在这里,辩护律师以公诉人提出的罪名为反驳对象,这就是反驳论题。在被告律师把公诉人提出的罪名驳倒了之后,县人民法院也认定起诉罪名不能成立,于是宣告被告无罪。在上述音乐会的例题中,赫尔岑对女主人的反驳,也是反驳论题。这里被反驳的论题,就是女主人提出的观点:"凡流行的东西都是高尚的。"

在反驳论据时,应注意的是,驳倒了对方的论据并不等于驳倒了对方的论题。所以,不能认为只要驳倒了对方的论据,反驳的任务就完成了。

反驳论证方式,就是指出对方所提出的论据与所要论证的论题之间没有正确的逻辑联系。在这种情况下,即使论据是真实的,也不能从论据中推出论题来。反驳论证方式,可以直接指出对方的推理形式有错;也可以先假设对方在论证中所用的推理形式成立,由此导出荒谬的结论,从而推翻对方的论证方式。例如:

例如,中世纪的神学家们宣称:上帝是无所不在,无所不知,无所不能的。我们这个世界就是由这个"全知、全能、全善"的上帝创造出来的。对此,当时就有人巧妙地做了反驳:上帝能否创造一块连他自己也举不起来的石头? 如果上帝能创造一块连他自己也举不起来的石头,那么上帝就不是全能的(因为有一块石头他举不起来);如果上帝不能创造一块连他自己也举不起来的石头,那么上帝也不是全能的(因为有一块石头他不能创造)。或者上帝能创造一块连他自己也举不起来的石头,或者上帝不能创造一块连他自己也举不起来的石头;总之,上帝不会是全能的。

同样,值得注意的是,驳倒了对方的论证方式,也并不等于就驳倒了对方的论题。驳倒了对方的论据或者论证方式,只能说对方关于该论题所作的论证不能成立,对方所论证的论题的真实性不能使人相信。

3.6.3　反驳的方法

在反驳中,反驳对方观点虽可以在反驳方式中去选择反驳论题、反驳论据、反驳论证方式。但在反驳的方法上,不外为两种方法:直接反驳和间接反驳。

1. 直接反驳

凡是直接用论据的真实性来直接确定被反驳的论题的虚假性的,就叫直接反驳。例如为了反驳资产阶级自由派所鼓吹的"民主社会主义"的谬论,我们列举种种理由,说明所谓"民主社会主义"根本不是真正的社会主义,而是以社会主义为幌子,实际上却是资本主义,这就是直接反驳。在法庭辩论中,原告与被告,被告、辩护律师与检察员,经常使用这种方法来推翻对方的论题、论据与论证方式。

直接反驳的具体方法很多,下面介绍几种常用的反驳方法:

(1)用事实来反驳

用事实,用反映事物本质的典型的事例进行反驳,是最有力量的。例如:

1949 年,美国国务卿艾奇逊抛出一个所谓"人口论",胡说什么中国之所以不可避免地发生革命,是因为人口多,土地少。毛泽东在《唯心史观的破产》一文中,对这个荒谬的理论,给了有力的反驳。毛泽东写道:"革命的发生是由于人口太多的缘故么?古今中外有很多的革命,都是由于人口太多么? ……美国一百七十四年以前的反英革命,也是由于人口太多么? 艾奇逊的历史知识等于零,他连美国独立宣言也没有读过。华盛顿杰佛逊们之所以举行反英革命,是因为英国人压迫和剥削美国人,而不是什么美国人口过剩。中国人民历次推翻自己的封建朝廷,是因为这些封建朝廷压迫剥削人民,而不是什么人口过剩,俄国人所以举行二月革命和十月革命,是因为俄皇和俄国资产阶级的压迫与剥削,而不是什么人口过剩,俄国至今还是土地多过人口很远的。蒙古土地那么广大,人口那么稀少,照艾奇逊的道理是不能设想会发生革命的,但是却早已发生了。"

这里,毛泽东用一系列无可辩驳的事实,驳倒了艾奇逊的荒谬论断。

(2)用科学理论来反驳

科学理论是为实践所证实了的真理。在进行反驳时,只要指出对方的论点是不符合科学理论的,就可以证明对方的论点是不能成立的。

(3)用揭露逻辑矛盾来反驳

我们知道,逻辑矛盾总是假的,所以,只要揭露对方论点中的逻辑矛盾,就可以有力地驳倒对方。

(4)用揭露逻辑错误来反驳

我们知道,正确的论证方式应该遵守论证过程中所运用的推理的有关规则,如果违反了有关的推理规则,那么对方的论证就不能成立。例如:

鲁迅先生的杂文《论辩的魂灵》所揭露的种种奇谈怪论中有这样一个怪论:"你说甲生疮,甲是中国人,你就是说中国人生疮了。"这个怪论,以"甲生疮"和"甲是中国人"这两个命题为论据,来论证"中国人生疮了"。这一论证所运用的推理是三段论。"中国人"这一小词,在前提中,它是肯定命题的谓词,不周延;而在结论中,它是全称命题的主词,周延。这一三段论推理违反了"在前提中不周延的词项,在结论中也不得周延"的规则,犯了"小词不当周延"的逻辑错误。

这里,我们揭露了这个怪论所犯的逻辑错误,也就有力地驳倒了这个怪论。

(5)类比反驳法

类比反驳法的主要特点是:在两个或两类具有某种共同性的事物或现象中通过以某一个(或某一类)众所周知的事物或现象的荒谬性作类比,推出被类比的另一个(或另一类)事物或现象的荒谬性,从而达到反驳的目的。

类比反驳法不仅可以用于反驳论题和论据,而且可以用于反驳论证方式。运用类比反驳法反驳论证方式,是通过两个论证在形式结构上的类比来实现的。因为如果一个给定的论证是错误的,那么任何具有同一形式结构(即同构)的其他论证也是错误的。据此,为了反驳对方的论证方式,我们可以构造一个与对方的论证方式具有同一形式结构的论证,并使它的论据已知为真而论题明显为假。

2. 间接反驳

间接反驳就是通过论证另一个与被反驳的命题有矛盾关系或反对关系的命题的真实性从而确定被反驳命题的虚假性的方法。这里的间接,也是绕个弯子的意思。间接反驳有两种主要方法:一是独立证明反驳法,一是归谬法。

(1)独立证明反驳法

这种方法,是先证明与被反驳的命题相矛盾或相反对的命题成立或真,然后根据矛盾律确定被反驳的命题不成立或假。

独立证明反驳法的的过程是:

被反驳的命题:p

反驳:假设→p

证明→p 成立

所以 p 不成立(根据矛盾律)

例如:

某窝赃案,公诉人指控被告人某甲明知是乙盗窃的赃物而积极窝赃。

构成窝赃罪。辩护人针对公诉人的论证,作了如下反驳:

①乙将盗窃的赃物运往甲家,只称是生意上的货物,暂存甲家;②江某证明甲对乙盗窃完全不知情;③破案时甲积极帮助公安机关起获赃物。

因此,根据刑法之有关规定,被告人某甲不构成窝赃罪。

在此例中,辩护人为了达到反驳的目的,就采用了先证明与公诉人主张相矛盾的命题:"被告人某甲不构成窝赃罪"成立,再依矛盾律施行反驳,这种方法正是独立证明反驳法的运用

(2)归谬法

这种方法,是先假定被反驳一方的论题成立,然后以该论题合乎逻辑地推导出荒谬的结论,再根据蕴涵命题推理的否定后件式,从而驳倒被反驳一方的论题,说明其论题不成立。

归谬法的过程是:

被反驳的论题:p

假设 p 成立

推理:如果 p 则 q

q 不成立

所以,p 不成立。

归谬法有下列三种主要形式：

①从被反驳的命题中引出不成立的命题。

②从被反驳的命题中引出与其自相矛盾的命题。

③从被反驳的命题中引出两个自相矛盾的命题。

例如，意大利科学家伽利略对于"物体越重下降速度越快"这一观点的反驳，就运用了这一方法。伽利略指出：如果一块轻石头 A 加在一块重石头 B 上下落。那么，根据"物体越重下落速度越快"（P）的断定，就会导致两个矛盾的结论：一是（A＋B）比 B 重，因此（A＋B）的下落速度比 B 快（q）；一是速度慢的 A 加在速度快的 B 上，会减低 B 的下落速度，因此（A＋B）的下落速度比 B 慢（→q）。这样，从 p 中引申出 q，又引申出了→q，而"q 并且→q"是不成立的，这样，就可以推知 p（"物体越重下落速度越快"）是不成立的。

归谬法的特点在于："以退为进，引入荒谬"。归谬法与反证法在逻辑结构上大体相同，但两者又有以下三点区别：

①反证法的任务在于证明论题 p 是真实的，因此，它要先假设论题，p 为真，然后再否定这个假设；而归谬法的任务在于证明论题 p 是虚假的，因此它要先假设论题 p 为真，然后再否定这个假设。

②反证法除了应用蕴涵命题推理的否定后件式推出→p 假之外，还要根据排中律从→p 假推出 p 真；而归谬法只要应用蕴涵命题推理否定后件式推出 p 假就行了。

③反证法在应用蕴涵命题推理的否定后件式时，只要求一般地否定蕴涵命题的后件；而归谬法贵在"引入荒谬"，后件越荒谬，反驳就越有力量。

归谬法是否合乎逻辑，是否具有说服力，既取决于前后件之间推导关系的有无，又取决于后件是否有明显的荒谬性。但相对于直接反驳,间接反驳的方法都只是辅助性的反驳方法,在司法工作领域尤其如此。

归谬法的关键是:由假定被反驳的判断为真出发,则必然得出荒谬虚假的结论。例如,前例中由"人都是自私的"这一前提出发,必然推出"为抗击非典而牺牲在一线的医护人员是为自己",这明显是荒谬的。

归谬法与反证法既有联系又有区别。它们的联系是:

反证法通过确定反论题为假间接确定原论题为真,在确定反论题为假时常常使用归谬法。因此反证法中运用了归谬法。

归谬法与反证法的区别是:

首先,两者目的不同。反证法用于论证,旨在确定某一判断为真;归谬法用于反驳,旨在确定某一判断虚假。

其次,两者结构不同。反证法结构复杂,需要设反论题,而归谬法结构较简单,不需要设反论题;反证法需要运用排中律,由确定反论题为假间接确定原论题为真,归谬法不用排中律,可根据充分条件假言推理"否定后件则可否定前件"的规则,直接推出被反驳论题为假。

直接反驳、间接反驳、归谬法,不仅适用于反驳论题,也适用于反驳论据。

反驳本身没有特殊的规则。由于反驳实际上是一种特殊的论证,因此论证的全部规则都适用于反驳。

《庄子·秋水》篇记载了这样一个故事:

庄子与惠子游于濠梁之上。庄子曰:"俺鱼出游从容,是鱼之乐也。"惠子曰;"子非鱼,安知鱼之乐?"庄子曰:"子非我,安知我不知鱼之乐?"惠子曰:"我非子,固不知子矣;子固非鱼也,子之不知鱼之乐全矣。"庄子曰:"请循其本。子曰'女安知鱼乐'云者,既已知吾知之而问我。我知之濠上也。"

　　在这场论辩中,庄子感叹游鱼的快乐,惠子给予反驳。所要反驳的观点是"庄子知道游鱼是快乐的",反驳时所使用的论据是"只有对象本身才能知道对象的情况,你不是对象本身(游鱼),因此,你不知道对象的情况(游鱼之乐)"。这里,惠子使用了一个必要条件假言推理。庄子听了惠子的话,就援引他的推理方法进行类推,得出完全相反的结论。庄子的论据是:"只有对象本身才能知道对象的情况,你不是我,因此,你不知道我的情况(知道游鱼之乐)。"

　　这时,惠子又援引庄子的话作为论据给予反击。他说:"由于我不是你,我就不知道你的情况,那么由于你不是鱼,你也就不知道游鱼的情况。"可以看出,二人用来反驳对方的反驳方法是一样的,此时惠子已经占据了主动,但是,庄子却巧妙地利用惠子问话中"安知鱼之乐"一语的歧义性,故意把这句话由反问句解释为一般疑问句,意思是惠子在请教庄子"你是怎么知道游鱼的快乐的"。这样解释就意味着惠子的问话中已经包含了"承认庄子是知道游鱼之乐的"这一层意思。于是,庄子转而化被动为主动,把这场争论的实质由对事物认知的分析转移到了对事物的艺术体察。通过这场论辩可以看出庄子的机智善变,也可以体会到逻辑论证与反驳的威慑力。

参考文献

[1]胡泽洪,周帧祥,王健平.逻辑学[M].广州:广东教育出版社,2007.

[2]饶发玖,张广荣.逻辑学[M].北京:中国农业大学出版社,2004.

[3]中国人民大学哲学教研室.逻辑学[M].第 3 版.北京:中

国人民大学出版社,2014.

　　[4]郭彩琴.逻辑学教程[M].北京:人民大学出版社,2007.

　　[5]黄华新,张则幸.逻辑学导论[M].第 2 版.杭州:浙江大学出版社,2005.

　　[6]熊明辉.逻辑学导论[M].上海:复旦大学出版社,2011.

　　[7]魏凤琴.逻辑学[M].第 2 版.北京:中国政法大学出版社,2011.

第4章 命题逻辑

命题逻辑是现代逻辑的重要组成部分,它是其他各种逻辑分支的理论前提和基础。命题逻辑的研究对象是复合命题及其推理的形式结构及规律和有效性的判定方法。命题是命题逻辑的基石,要研究命题逻辑,首先必须研究命题。本章我们将对命题、复合命题进行逻辑分析。

4.1 复合命题

4.1.1 判断、语句和命题

判断是对对象有所断定的思维形式。

对象无不具有一定的属性。判断对对象有所断定,就是肯定或者否定对象具有(或不具有)某种属性。因而,判断都有真假。例如:

①实践是检验真理的唯一标准。

②真理不是一成不变的。

这两个都是判断,前者有所肯定,后者有所否定,两者都是真的。而"人的正确思想是从哪里来的"则不是判断,它无所断定,没有真假。

判断只有通过语句才能表达。但是:

第一,并非任何语句都表达判断。一般地,陈述句、反问句表达判断,疑问句等不表达判断。

第二,同一判断可以用不同语句表达。例如:"所有的结果都是有原因的""没有无因之果""难道会有无因之果吗?"表达的就是同一判断。

第三,同一语句可以表达不同的判断。语句分两种。一种是无歧义语句,一种是歧义语句。歧义语句在不同的语境下可以表达不同的判断。例如:这是一个现代派画家的画展。可以理解为:这个画展是由某一个现代派画家举办的;也可以理解为:这个画展是由现代派(而不是其他流派)画家举办的。自然语言中的语句,不少是歧义语句。

表达判断的语句,称为命题。

命题的基本特征是有真假。任何命题,或者真,或者假,但不能既真又假。命题的真、假二值,统称为命题的真值。真命题的真值为真,假命题的真值为假。

4.1.2　原子命题和复合命题

原子命题是不包含和自身不同命题的命题。复合命题在一般意义上是指包含和自身不同命题的命题。复合命题所包含的与自身不同的命题,称为它的支命题。例如:

①小张今天感冒了。

②小张昨天去八一湖冬泳过。

③小张今天感冒了,因为他昨天去八一湖冬泳过。

④小张今天感冒了并且昨天去八一湖冬泳过。

其中,句①、句②是原子命题。句③、句④都包含句①、句②作为自身的支命题,因而都是一般意义上的复合命题。但是,句

③和句④有着重要的区别：句③的真值并不是由它的支命题的真值完全地、唯一地确定的，例如，在句①、句②都真的情况下，句③可能真，也可能假；句④的真值则完全地是由它的支命题的真值唯一确定的，例如，句①、句②都真，则句④真；句①真而句②假，则句④假，等等。命题逻辑不研究句③而研究句④这样的复合命题。

在命题逻辑中，复合命题指这样的命题：第一，它包含与自身不同的命题作为支命题；第二，它的真值由其支命题的真值唯一地确定。显然，句④是命题逻辑意义上的复合命题，句③则不是。

复合命题的支命题，仍然可以是复合命题，但最终复合命题总是由原子命题依据一定的逻辑关系构成的。表达这类逻辑关系的语词，称作联结词。日常语言中常用的联结词有"并且""或者""如果……那么……""只有……才……""并非"等。

因此，也可以说，复合命题是由原子命题和联结词构成的。

4.1.3　常见的复合命题

1. 联言命题

联言命题是对几种事物情况同时都加以断定的复合命题。例如：

前途是光明的，但道路是曲折的

就是联言命题，它断定"前途是光明的"和"道路是曲折的"这两种事物情况同时存在。

联言命题的一般命题形式是：p 并且 q。其中，命题变项 p、q 称为联言支；逻辑常项"并且"是联结词。因此，联言命题就是断定联言支都真的复合命题。显然，一个联言命题的联言支至少是两个，但也可以多于两个。

联言命题的符号形式是：p∧q。"∧"读作"合取"，是对"并且"的一种抽象。在"p∧q"中,p、q称为合取支。

在日常语言中,联言命题也可表述为"不但 p,而且 q""既 p,又 q""虽然 p,但是 q""不仅 p,也 q"等等。有的联言命题还在表述中省略了联结词,例如:

虚心使人进步,骄傲使人落后。

联言支的主项或谓项有时相同,这样的主项或谓项在日常语言的表述中往往被省略。如:

①毛泽东既是政治家,又是军事家。

②李白和杜甫都是诗人。

联言命题断定联言支都真。因此,一个联言命题,只有在联言支都真的情况下才是真的,在其他情况下都是假的。

联言命题的真值可用表 4-1 刻画。

表 4-1

p	q	p∧q
真	真	真
真	假	假
假	真	假
假	假	假

这样的表格称为真值表。真值表列出了在支命题的每一组真值组合的情况下复合命题的真值。不难看出,复合命题实际上是一种真值函数。一个完整的真值表,就定义了一个确定的真值函数;不同的真值表,定义不同的真值函数。

2. 选言命题

(1)什么是选言命题

选言命题是断定在几种事物情况中至少有一种存在的复合

命题。如：

明天我或者登长城,或者游香山就是选言命题。它断定"明天我登长城"和"明天我游香山"这两种事物情况中至少有一种存在。

选言命题有不同的类型。试比较以下两个选言命题:

①老张是诗人,或是画家。

②老张要么是四川人,要么是湖南人。命题(1)断定"老张是诗人"和"老张是画家"这两种事物情况至少有一种存在,但也可以同时存在。也就是说,"老张是诗人"和"老张是画家"是相容的。命题(2)断定"老张是四川人"和"老张是湖南人"这两种事物情况至少有一种存在,但不能同时存在。也就是说,"老张是四川人"和"老张是湖南人"是不相容的。

选言命题可分为相容选言命题和不相容选言命题两类。命题(1)这样的命题称为相容选言命题,命题(2)这样的命题称为不相容选言命题。

(2)相容选言命题

相容选言命题是断定几种事物情况中至少有一种存在,但也可以都存在的选言命题。一般形式是:p 或者 q。其中,p、q 称为选言支,"或者"是联结词。因此,相容选言命题就是断定选言支至少有一真,也可以都真的选言命题。

相容选言命题的符号形式是:p∨q。"∨"读作"析取",是对"或者"的一种抽象。在"p∨q"中,p、q 也称为析取支。

同样,相容选言命题的选言支(析取支)至少是两个,也可以是多个。

相容选言命题断定选言支至少有一真,但也可以都真,因此,一个相容选言命题,只有在选言支都假的情况下才是假的,在其余情况下都是真的。相容选言命题的真值如表 4-2 所示。

表 4-2

p	q	p∨q
真	真	真
真	假	真
假	真	真
假	假	假

3. 不相容选言命题

不相容选言命题是断定几种事物情况中至少有一种存在,并且至多只有一种存在的选言命题。一般形式是:要么 p,要么 q。p、q 称为选言支,"要么……要么……"是联结词。因此,不相容选言命题是断定选言支至少有一真并且至多只有一真的选言命题。

不相容选言命题的符号形式是:p∨q,"∨"读作"不相容析取",是对"要么……要么……"的一种抽象。

显然,不相容选言命题,只有在选言支至少有一真,并且至多有一真的情况下才是真的,在其余情况下都是假的。不相容选言命题的真值可用下表 4-3 刻画。

表 4-3

p	q	p∨q
真	真	假
真	假	真
假	真	真
假	假	假

在日常语言中,"要么 p,要么 q"只表示不相容选言命题,"或者 p,或者 q"可以表示相容选言命题,也可以表示不相容选言命题,至于实际上表示哪类选言命题,需根据具体的语境而定。

4. 假言命题

(1)什么是假言命题

假言命题是断定事物情况之间条件关系的复合命题。

事物之间的条件关系,包括充分条件关系和必要条件关系。

用 p、q 分别表示两种事物情况。则:

p 是 q 的充分条件,是指:有 p 则有 q。

p 是 q 的必要条件,是指:无 p 则无 q。

事物情况之间的条件关系分为三种:充分不必要;必要不充分;既充分又必要。

例如:"天下雨"是"地上湿"的充分条件,但不是必要条件;"年满 18 岁"是"有选举权"的必要条件,但不是充分条件;对同一三角形而言,三内角相等既是三边相等的充分条件,又是必要条件,这样的条件关系,简称充要条件。

根据所断定的条件关系的不同,假言命题包括充分条件假言命题、必要条件假言命题和充要条件假言命题三种。

(2)充分条件假言命题

充分条件假言命题是断定事物情况之间充分条件关系的假言命题。如:

如果把理论当作教条,那么只能束缚思想就是充分条件假言命题,它断定"把理论当作教条"是"束缚思想"的充分条件。

充分条件假言命题的一般形式是:如果 p,那么 q。其中,"如果……那么……"是联结词,p 称为前件,q 称为后件。充分条件假言命题断定前件是后件的充分条件。

充分条件假言命题的符号形式是:p→q。"→"读作"蕴涵",是对"如果……那么……"的一种抽象。

充分条件假言命题在日常语言中有多种表达形式,如:"只要p,就q""一旦p,就q""若p,则q",等等。

一个充分条件假言命题只有在前件真而后件假的情况下才是假的,在其余的情况下都是真的。充分条件假言命题的真值如表4-4所示。

表 4-4

p	q	p→q
真	真	真
真	假	假
假	真	真
假	假	真

"p→q"是对"如果p,那么q"的一种抽象,二者的涵义不完全相同。"p→q"只表示前后件之间的真假关系(即不会前真后假这种关系);而"如果p,那么q"除了表示前后件的真假关系,还往往表示某种事实上的联系。命题逻辑只从真值关系角度研究命题及其关系,因此,用"p→q"来刻画"如果p,那么q"是自然的。

(3)必要条件假言命题

必要条件假言命题是断定事物情况之间必要条件关系的假言命题。如:

只有年满18岁,才有选举权

就是必要条件假言命题,它断定"年满18岁"是"有选举权"的必要条件。

必要条件假言命题的一般形式是:只有p,才q。其中,"只有……才……"是联结词,p、q 分别称为前件、后件。必要条件假言命题断定前件是后件的必要条件。

必要条件假言命题的符号形式是:p←q。"←"读作"逆蕴涵",是对"只有……才……"的一种抽象。

必要条件假言命题在日常语言中也有多种表达形式,如:"除非 p,否则不 q""不 p,就不 q",等等。

一个必要条件假言命题只有在前件假、后件真的情况下才是假的,在其余的情况下都是真的。必要条件假言命题的真值如表 4-5 所示。

表 4-5

p	q	p←q
真	真	真
真	假	真
假	真	假
假	假	真

根据充分条件和必要条件的定义,显然,如果 p 是 q 的充分条件,那么,q 就是 p 的必要条件。反之亦然。因此,"如果 p,那么 q"可以表达为"只有 q,才 p";"只有 p,才 q"可以表达为"如果 q,那么 p"。

(4)充要条件假言命题

充要条件假言命题是断定事物情况之间的充分必要条件关系的假言命题。如:

当且仅当一个整数是偶数,它才能被 2 整除

就是充要条件假言命题。它断定"一个整数是偶数"是"该整数能被 2 整除"的充分必要条件。

充要条件假言命题的一般形式是：当且仅当 p，才 q（也可写作 q 当且仅当 p）。其中，"当且仅当"是联结词，p、q 分别称为前件、后件。充要条件假言命题断定前件是后件的充要条件。

充要条件假言命题的符号形式是：p↔q。"↔"读作"等值于"。

日常语言中，充要条件假言命题的表达形式有："如果 p，那么 q；并且只有 p，才 q""只要并且仅仅 p，才 q"，等等。

一个充要条件假言命题只有在前、后件取相同的真值时才是真的，在其余情况下都是假的。充要条件假言命题的真值如表 4-6 所示。

表 4-6

p	q	p↔q
真	真	真
真	假	假
假	真	假
假	假	真

5. 负命题

（1）什么是负命题

负命题是否定一个命题所得到的命题。如：

①并非所有的人都是自私的。

②并非：只有是天才，才能有所发明。

这两个命题都是负命题。

负命题的一般形式是：并非 p。p 是支命题，"并非"是联结词。负命题的符号形式是：¬p。"¬"读作"并非"。

日常语言中，负命题也可以表述为："p 不成立""p 不符合事实"，等等。

一个负命题是真的，当且仅当它所否定的命题即支命题是假的。负命题的真值如表 4-7 所示。

表 4-7

p	¬p
真	假
假	真

(2)负复合命题的等值命题

负命题所否定的命题可以是原子命题,也可以是复合命题。前面我们讨论了七种基本类型的复合命题。现在讨论这七种复合命题的负命题的等值命题。两个复合命题是等值的,当且仅当它们在支命题的任意一组赋值下都取相同的真值。

"并非:p 并且 q"等值于"并非 p 或并非 q"。例如:"并非:小张既高又胖"等值于"小张不高或者小张不胖"。

"并非:p 或者 q"等值于"并非 p 并且并非 q"。例如:"并非:小张失约或者他没有得到通知"等值于"小张没有失约并且他得到了通知"。

"并非:要么 p,要么 q"等值于"p 并且 q,或者,并非 p 并且并非 q"。例如:"并非:要么小李当代表,要么小张当代表"等值于"小李、小张都当代表,或者小李、小张都不当代表"。

"并非:如果 p,那么 q"等值于"p 并且并非 q"。例如:"并非:如果出现彗星,就一定发生灾变"等值于"出现彗星,但没有发生灾变"。

"并非:只有 p,才 q"等值于"并非 p 并且 q"。例如:"并非:只有天才,才能发明"等值于"不是天才,也能发明"。

"并非:当且仅当 p,才 q"等值于"p 并且并非 q,或者,并非 p 并且 q"。例如:"并非:发生地震当且仅当出现蓝色闪光"等值于

"发生地震但没有出现蓝色闪光,或者,没发生地震但出现了蓝色闪光"。

"并非:非 p"等值于"p"。这是显然的。

下面的等值式就是以上的等值命题的符号形式:

$\rightarrow(p \wedge q) \leftrightarrow (\rightarrow p \vee \rightarrow q)$

$\rightarrow(p \vee q) \leftrightarrow (\rightarrow p \wedge \rightarrow q)$

$\rightarrow(p \vee q) \leftrightarrow ((p \wedge q) \vee (\rightarrow p \wedge \rightarrow q))$

$\rightarrow(p \rightarrow q) \leftrightarrow (p \wedge \rightarrow q)$

$\rightarrow(p \leftarrow q) \leftrightarrow (\rightarrow p \wedge q)$

$\rightarrow(p \leftrightarrow q) \leftrightarrow ((p \wedge \rightarrow q) \vee (\rightarrow p \wedge q))$

$\rightarrow p \leftrightarrow p$

以后我们将验证这些等值式。

4.1.4 复合命题及其真值形式

1. 真值联结词和真值形式

在讨论几种基本复合命题时,我们定义了这几个联结词:"→""∨""∧""→""↔"。这样的联结词,称为真值联结词。真值联结词是对日常语言联结词的一种抽象。日常语言联结词抽象为真值联结词后(例如"如果……那么……"抽象为"→"),只保留了对命题真值关系的刻画。

真值形式就是由命题变项和真值联结词合乎定义地构成的符号表达式。如"→p→q""(p∧→q)→r"等都是真值形式。单个的命题变项如"p""q"也是真值形式,真值联结词在其中零次出现。

由一个命题变项定义的真值联结词,称为一元真值联结词;

由两个命题变项定义的是二元真值联结词;一般地,由 n 个命题变项加以定义的是 n 元真值联结词。

"→"是一元真值联结词,"∧""∨""→""↔"是二元真值联结词,这五个称为基本真值联结词,或常用真值联结词。

进一步的研究表明:

第一, n 元真值联结词共 2^{2^n} 个。因此,一元联结词共 4 个($2^{2^1}=4$),二元联结词共 16 个($2^{2^2}=16$),依此类推。

第二,任一真值联结词都可以用基本真值联结词定义。例如: "p←q"可以定义为"→p→→q","p∨q"可以定义为"(p∨q)∧→(p∧q)"。

第三,在基本真值联结词中,{→,∧}、{→,∨}和{→,→}中任意一组,都可以定义其余的基本真值联结词,因而可以定义任一真值联结词。

2. 一般复合命题及其真值形式

日常语言中的复合命题,并不都是以联言、选言或假言这几种基本复合命题的单纯形式出现的,而往往是以它们的综合形式出现的。如:

如果光强调团结,不强调斗争;或者光强调斗争,不强调团结,那么就不能达到既弄清思想又团结同志的目的。

就是一个一般复合命题,其中综合地、分层次地包括了假言命题、联言命题、选言命题和负命题。

正如上面的讨论已经说明的,使用命题变项和基本真值联结词,就能刻画任一复合命题的真值形式。

例 4-1 写出下列复合命题的真值形式:

①如果光强调团结,不强调斗争;或者光强调斗争,不强调团结,那么,就不能既弄清思想,又团结同志。

令 p 表示"强调团结",q 表示"强调斗争",r 表示"弄清思想",s 表示"团结同志",则句①的真值形式是：$((p \wedge \rightarrow q) \vee (q \wedge \rightarrow p)) \rightarrow \rightarrow (r \wedge s)$。

②如果池水是清澈的，那么或者亨利能看见池底却装着看不见，或者他的视力确实有问题。

令 p 表示"池水是清澈的"，q 表示"亨利能看见池底"，r 表示"亨利装着看不见池底"，s 表示"亨利的视力确实有问题"，则句②的真值形式是：$p \rightarrow ((q \wedge r) \vee s)$。

③明天我要么登长城，要么游香山，除非天下雨。

令 p 表示"明天我登长城"，q 表示"明天我游香山"，r 表示"明天下雨"，则句③的真值形式是：$\rightarrow r \rightarrow (p \vee q) \wedge \rightarrow (p \wedge q)$。

要注意正确地使用括号。括号表示出原子命题构成复合命题的逻辑层次。括号使用错了，复合命题的逻辑内容也就改变了。

3. 真值形式的判定

真值形式分为三类：重言式、矛盾式和非重言的可真式。一真值形式是重言式，如果它在命题变项的任意一组赋值下都真；一真值形式是矛盾式，如果它在任意赋值下都假；一真值形式是可真式，如果它在至少一组赋值下为真。显然，重言式都是可真式，可真式未必是重言式。

对一真值形式的判定，就是确定它属于上述三类中的哪一类。

这里，先介绍一种最基本的判定方法：真值表方法。在定义几种基本复合命题时，已经使用了真值表。我们知道，任一真值形式都可以用命题变项和基本真值联结词构成，各命题变项的真值一经确定，由其构成的真值形式的真值也就唯一地确定了。所谓真值表方法,就是用图表直观明了地刻画命题变项和由它们构成的真值形式之间的上述真值关系,从而判定真值形式。

使用真值表方法进行判定的步骤是:

第一,找出所要判定的真值形式中所有不同的命题变项,并列出这些命题变项的所有各组不同的真值赋值。单个命题变项的不同赋值共两组:真;假。两个命题变项的不同赋值共四组:真,真;真,假;假,真;假,假。一般地,n 个命题变项的不同赋值共 2^n 组。

第二,根据基本真值联结词的定义,计算出真值形式在命题变项的各组赋值下的真值。一真值形式如果在各组赋值下都真,则为重言式;如果在各组赋值下都假,则为矛盾式;如果在至少一赋值下真但并非在任一赋值下都真,则为非重言的可真式。

例 4-2　用真值表方法判定下列真值形式:

① ¬(p→q)↔(p∧¬q)

② (p→q)∧¬(¬p∨q)

③ ((p→q)∧¬p)→¬q

上述三真值形式的真值表构造如表 4-8 所示(为了书写的简便,约定:此后在有关场合,以"1"表示"真",以"0"表示假):

表 4-8

p	q	¬(p→q)↔(p∧¬q)	(p→q)∧¬(¬p∨q)	((p→q)∧¬p)→¬q
1	1	1	0	1
1	0	1	0	1
0	1	1	0	0
0	0	1	0	1

该真值表中,在 p 真 q 真这组赋值下,→(p→q)↔(p∧→q)的真值是通过如下的计算得到的:

→(p→q)↔(p∧→q)

→(1→1)↔(1∧→1)

→1↔(1∧0)

0↔0

1

因此,在 p 真 q 真这组赋值下,→(p→q)↔(p∧→q)的真值是"真",用同样的方法,可以计算出在其余的各组赋值下,→(p→q)↔(p∧→q)的真值都为"真"。因此该真值形式为重言式。

在计算真值形式的真值时,必须熟记基本联结词的定义。例如,"p→q"只有在 p 真 q 假这组赋值下是假的,在其余的赋值下都是真的。因此,"1→1""0→1""0→0"的真值都是"1",只有"1→0"的真值才为"0"。

在上面的真值表中,在 p 真 q 假这组赋值下,(p→q)∧→(→p∨q)的真值是通过如下的计算得到的:

(p→q)∧→(→p∨q)

(1→0)∧→(→1∨0)

0∧→(0∨0)

0∧→0

1∧0

0

因此,在 p 真 q 假这组赋值下,(p→q)∧→(→p∨q)的真值是"假"。用同样的方法,可以计算出在其余的各组赋值下,(p→q)∧→(→p∨q)的真值都是"假",因此,该式是矛盾式。

在上面的真值表中,在 p 假 q 真这组赋值下,((p→q)∧→p)→→q 的真值是通过如下的计算得到的:

$((p{\rightarrow}q)\wedge{\rightarrow}p){\rightarrow}{\rightarrow}q$

$((0{\rightarrow}1)\wedge{\rightarrow}0){\rightarrow}{\rightarrow}1$

$(1\wedge1){\rightarrow}0$

$1{\rightarrow}0$

0

因此,在 p 假 q 真这组赋值下,$((p{\rightarrow}q)\wedge{\rightarrow}p){\rightarrow}{\rightarrow}q$ 的真值是"假"。同样的方法,可以计算出该式在其余各组赋值下的真值是"真"。因此,该真值形式是非重言的可真式。

4.2　命题推理

4.2.1　推理概述

1. 推理概念

推理是由若干命题得出一个命题的思维过程。[①] 能提供 100％证据支持度的推理称为必然性推理,只能提供某种小于 100％证据支持度的推理称为或然性推理。一般地,演绎推理是必然性推理,归纳推理、类比推理等是或然性推理。本书重点讨论演绎推理。以下凡提到推理,如果不作特殊说明,就是指演绎推理。

---

① 推理是个命题序列。其中,由推理得出的命题称为结论,其他的命题称为前提。推理提供前提对于结论的证据支持关系。前提对于结论的证据支持关系,回答这样的问题:前提的真,在多大程度上保证结论的真。"证据支持度"这一概念对此提供r一个量的刻画。一个推理的证据支持度是 100％,是指:如果前提是真的,则结论必定是真的;一个推理的证据支持度小于 100％,是指:如果前提是真的,则结论不必定是真的。

2. 推理的形式有效性及其判定

命题有真假之分,推理则有对错之分。①
例如:
①所有的人都是有思想的。

所有的猴都不是人。

所以,所有的猴都不是有思想的。

该推理的推理形式是:

所有的 M 都是 P

所有的 S 都不是 M

所以,所有的 S 都不是 P

不难找到该推理形式的一个解释:

②所有的人都是要死的。

所有的猴都不是人。

所以,所有的猴都不是要死的。

推理②和推理①具有相同的推理形式。显然推理②前提真而结论假。因此,虽然推理①的前提和结论都是真实的,但推理本身却是形式无效的。

---

① 一个推理是对的、正确的、成立的、合乎逻辑的等,都是指该推理是有效的。一个推理是错的、不正确的、不成立的、不合乎逻辑的等,都是指该推理是无效的。推理,既反映前提和结论在内容、意义上的联系,又反映前提和结论在形式结构上的联系。这里所说的推理的有效或无效,不是就推理的内容和意义而言的,而是就推理的形式结构而言的,因此,推理的有效性,也称为形式有效性。一推理是形式有效的,当且仅当具有此推理形式的任一推理(即其推理形式的任一解释)都不出现前提真而结论假。显然,有效推理的证据支持度是 100%;前提对结论的形式有效的证据支持关系,是一种最强的证据支持关系。

再如：

③所有的人都是要死的。

　　苏格拉底是人。

　　所以,苏格拉底是要死的。

其推理形式是：

　　所有 M 都是 P

　　S 是 M

　　所以,S 是 P

推理③是形式有效的,因为具有它的推理形式的任一推理都不会出现前提真而结论假。

显然,解释的方法只能判定一个推理的无效,不能判定一个推理的有效,因为一个推理形式的解释是不可穷尽的。

推理有效性的判定,是逻辑学的中心课题,也是本书的核心内容。

运用推理,当然是为了获得真实的结论。为了在推理中获得真实的结论,光推理有效是不够的。因为推理有效,只保证如果前提真实,那么结论真实;而如果前提不真实,结论就不一定真实了。因此,为了确保运用推理获得真实结论,必须同时满足两条:第一,推理有效;第二,前提真实。

3. 命题推理及其有效式

在命题逻辑部分,我们只研究命题推理。

那么,什么是命题推理呢？

试比较以下两个推理：

①如果某甲作案,那么他一定有作案动机。

　　事实上某甲没有作案动机。

　　所以,某甲没有作案。

②所有的作案者都有作案动机。

　　某甲没有作案动机。

　　所以,某甲不是作案者。

这两个推理的区别在于:推理①的前提或结论中出现复合命题,推理②的前提和结论都是原子命题;推理①的根据是命题之间的逻辑关系,推理②的根据是原子命题内部概念之间的逻辑关系。

推理①这样的推理,称为命题推理。命题推理就是依据命题之间的逻辑关系进行的推理。在命题推理中,原子命题被当作最基本的单位,而对它的内部结构不再分析。

命题推理的推理形式,就是只包含命题变项和联结词的真值形式。

命题推理的真值形式是一蕴涵式:前提的合取蕴涵结论。不难得出结论:一命题推理是有效的,当且仅当它的真值形式是重言的蕴涵式。

4.2.2　几种基本的命题推理

1. 联言推理

联言推理是前提或结论为联言命题,并依据联言命题的逻辑性质进行的推理。如:

我们要丰富物质生活。

我们要丰富精神生活。

所以,我们既要丰富物质生活,又要丰富精神生活。

这就是一个联言推理,它的结论为一联言命题。

联言推理有两种形式:分解式和合成式。

分解式的形式是：

$$\frac{p\ 并且\ q}{所以,p}\ 或者\ \frac{p\ 并且\ q}{所以,q}$$

其符号形式是：

$$\frac{p\wedge q}{\therefore p}\ 或者\ \frac{p\wedge q}{\therefore q}$$

联言推理分解式的一般形式为：

$$\frac{p_1\wedge p_2\wedge\cdots\wedge p_n}{\therefore p_i\,(i=1,2,\cdots,n)}$$

为了简明,这里只讨论两个联言支的情况。例如：

革命不能输出,也不能输入。
_____

所以,革命不能输出。

或者：

革命不能输出,也不能输入。
_____

所以,革命不能输入。

联言推理合成式的形式是：

$$\frac{p}{\begin{array}{c}q\end{array}}$$
所以,p 并且 q

其符号形式是：

$$\frac{\begin{array}{c}p\\q\end{array}}{\therefore p\wedge q}$$

2. 选言推理

选言推理是前提中有一选言命题,依据选言命题的逻辑性质进行的推理。

选言命题分为相容选言命题和不相容选言命题两类。相应地,选言推理也分为相容选言推理和不相容选言推理两类。

（1）相容选言推理

相容选言推理是前提中有一个相容选言命题,依据相容选言命题的逻辑性质进行的推理。

相容选言命题断定选言支中至少有一真,也可以都真。①

相容选言推理有一个有效式:否定肯定式,有一个无效式:肯定否定式。

否定肯定式（有效式）的形式是:

$$\frac{p\,或者\,q\quad 非\,p}{所以,q} \quad 或者 \quad \frac{p\,或者\,q\quad 非\,q}{所以,p}$$

其符号形式是:

$$\frac{p \lor q \quad \neg p}{\therefore q} \quad 或者 \quad \frac{p \lor q \quad \neg q}{\therefore p}$$

例如:

这场比赛的胜利是因为战术设置得当或是因为队员状态出色。

这场比赛胜利不是队员状态出色的原因。

所以,比赛的胜利是因为战术设置得当。

这是相容选言推理的否定肯定式,是正确的。

肯定否定式（无效式）的形式是:

$$\frac{p\,或者\,q\quad p}{所以,非\,q} \quad 或者 \quad \frac{p\,或者\,q\quad q}{所以,非\,p}$$

---

① 相容选言推理的规则是:

第一,否定一部分选言支,可以肯定另一部分选言支。

第二,肯定一部分选言支,不能否定另一部分选言支。

例如：

这场比赛的胜利是因为战术设置得当或是因为队员状态出色。

这场比赛的胜利是因为战术设置得当的原因。

所以,这场比赛胜利不是队员状态出色的原因。

这是相容选言推理的肯定否定式,是错误的。

（2）不相容选言推理

不相容选言推理是前提中有一个不相容选言命题,依据不相容选言命题的逻辑性质进行的推理。

不相容选言命题断定选言支中至少有一真,并且至多有一真[①]。

对于不相容选言推理来说,否定肯定式和肯定否定式都是有效式。

否定肯定式的形式是：

$$\frac{\text{要么 p,要么 q}}{\text{非 p}}{\text{所以,q}} \quad \text{或者} \quad \frac{\text{要么 p,要么 q}}{\text{非 q}}{\text{所以,p}}$$

例如：

要么改革开放,要么闭关锁国。

我们不能闭关锁国。

所以,我们只能改革开放。

这是不相容选言推理的否定肯定式,是正确的。

---

① 不相容选言推理的规则是：

第一,否定一个选言支以外的选言支,可以肯定余下的那个选言支。

第二,肯定一个选言支,可以否定其他选言支

3. 假言推理

假言推理是前提中有一假言命题,并依据假言命题的逻辑性质进行的推理。假言命题分为充分条件假言命题、必要条件假言命题和充要条件假言命题,相应地,假言推理也分为充分条件假言推理、必要条件假言推理和充要条件假言推理三类。

(1)充分条件假言推理

充分条件假言推理是前提中有一个充分条件假言命题,并依据充分条件假言命题的逻辑性质进行的推理。

充分条件假言命题断定前后件的关系是:有前件一定有后件;无前件未必无后件;有后件未必有前件;无后件一定无前件。[①]充分条件假言推理有两个有效式:肯定前件式和否定后件式,有两个无效式:否定前件式和肯定后件式。

肯定前件式(有效式)的形式是:

如果 p,那么 q

p

所以,q

其符号形式是:

p→q

p

∴q

---

① 充分条件假言推理的规则是:
肯定前件可以肯定后件;
否定前件不能否定后件;
肯定后件不能肯定前件;
否定后件可以否定前件。

例如：

如果物体表面受到外力作用,那么它就会发生形变。

此物受到了外力作用。

所以,此物体表面发射过了形变。

这是充分条件假言推理的肯定前件式,是正确的。

否定后件式(有效式)的形式是：

如果 p,那么 q

非 q

所以,非 p

其符号形式是：

p→q

→p

∴→q

例如：

如果物体受到摩擦,那么它就会发热。

此物没有发热。

所以,此物未受到摩擦。

这是充分条件假言推理的否定后件式,是正确的。否定前件式
(无效式)的形式是：

如果 p,那么 q

非 p

所以,非 q

例如：

如果物体表面受到外力作用,那么它就会发生形变。

此物未受到外力作用。

所以,此物表面不会发生形变。

这是充分条件假言推理的否定前件式,是错误的。

肯定后件式(无效式)的形式是：

如果 p,那么 q

q
_____
　　所以,p

例如:

如果物体受到摩擦,那么它就会发热。

此物发热。
_____

所以,此物一定受到了摩擦。

这是充分条件假言推理的肯定后件式,是错误的。

(2)必要条件假言推理

必要条件假言推理是前提中有一个必要条件假言命题,并依据必要条件假言命题的逻辑性质进行的推理。

必要条件假言命题断定前后件的关系是:无前件一定无后件;有前件未必有后件;有后件一定有前件;无后件未必无前件。①

必要条件假言推理有两个有效式:否定前件式和肯定后件式,有两个无效式:肯定前件式和否定后件式。

否定前件式(有效式)的形式是:

只有 p,才 q

非 p
_____
　所以,非 q

其符号形式是:

$p \rightarrow q$

$\rightarrow p$
_____
$\therefore \rightarrow q$

_____

例如：

只有年满 18 岁，才有选举权。

某甲未满 18 岁。

所以，某甲没有选举权。

这是必要条件假言推理的否定前件式，是正确的。

肯定后件式（有效式）的形式是：

　只有 p，才 q

q

　　　所以，p

其符号形式是：

p ← q

　q

∴ p

例如：

只有年满 18 岁，才有选举权。

某甲有选举权。

所以，某甲一定满 18 岁。

这是必要条件假言推理的肯定后件式，是正确的。

肯定前件式（无效式）的形式是：

例如：

只有年满 18 岁，才有选举权。

某甲年满 18 岁。

所以，某甲一定有选举权。

这是必要条件假言推理的肯定前件式，是错误的。

否定后件式（无效式）的形式是：

只有 p，才 q

非 q

　　　所以，非 p

例如：

只有年满 18 岁,才有选举权。

某甲没有选举权。

所以,某甲一定未满 18 岁。

这是必要条件假言推理的否定后件式,是错误的。

(3)充要条件假言推理

充要条件假言推理是前提中有一个充要条件假言命题,并依据充要条件假言命题的逻辑性质进行的推理。

充要条件假言命题断定前后件的关系是:有前件必有后件;无前件必无后件;有后件必有前件;无后件必无前件。[①]

充要条件假言推理有四个有效式:肯定前件式、否定前件式、肯定后件式、否定后件式。其形式如下:

当且仅当 p,q　　当且仅当 p,q
_____p_____　　_____非 p_____
　　所以,q　　　　　　所以,非 q

当且仅当 p,q　　当且仅当 p,q
_____q_____　　_____非 q_____
　　所以,p　　　　　　所以,非 p

它们的符号形式分别为:

$$p \leftrightarrow q \qquad p \leftrightarrow q$$
$$\frac{p}{\therefore q} \qquad \frac{\neg p}{\therefore \neg q}$$

① 其规则是:
肯定前件可以肯定后件;
否定前件可以否定后件;
肯定后件可以肯定前件;
否定后件可以否定前件。

p↔q　　p↔q

$$\frac{q}{\therefore p} \quad \frac{\neg q}{\therefore \neg p}$$

例如：

坚持并且只有坚持体育锻炼,才能改善体质。

继续坚持体育锻炼。
_____

所以,一定能实现改善多病体质的目标。

这是充要条件假言推理的肯定前件式,是正确的。再如：

被疟蚊叮咬并且只有被疟蚊叮咬,才会患疟疾。

某甲没有患疟疾。
_____

所以,某甲没被疟蚊叮咬。

这是充要条件假言推理的否定后件式,是正确的。

4. 二难推理

二难推理是由两个假言命题和一个二支的选言命题作前提构成的命题推理。它的基本形式是：

如果 p,那么 r
如果 q,那么 r
p 或者 q
_____
　　所以,r

其符号形式是：

p→r
q→r
p∨q
_____
∴r

例如：

如果举行祭祀活动,日食是会结束的。

如果不举行祭祀活动,日食也是会结束的。

或者举行祭祀活动,或者不举行祭祀活动。
_____

总之，日食是会结束的。

这就是一个二难推理。

4.2.3　一般命题推理及其判定

日常思维中的命题推理，并不都是以联言、选言或假言这几种基本类型的命题推理的单纯形式出现的，而往往是以它们的综合形式出现的，也就是说，是以一般命题推理的形式出现的。

判定这样的推理的有效性，光依据前面给出的那些规则显然是有困难的。

一般命题推理的判定，包括两个步骤：

第一，写出所要判定的命题推理的真值形式。方法是：先分别写出各前提和结论的真值形式；用"∧"号将各前提的真值形式联结起来；用"→"号将前提的合取式和结论联结起来。所得的蕴涵式即为所要判定的命题推理的真值形式。

第二，寻求一些方法来判定命题推理的蕴涵式是否为重言式。

下面介绍判定命题推理的几种基本方法。它们是：真值表方法、归谬赋值法、范式方法。

1.　真值表方法

真值表可以判定任一真值形式是否为重言式，或矛盾式，或可真式，因此，自然也可以判定任一命题推理的蕴涵式是否为重言式。下面举例说明如何运用真值表方法来判定命题推理。

例 4-3　下面两个推理是否有效：

①或者甲是罪犯，或者乙是罪犯。已查明甲是罪犯。所以，乙不是罪犯。

②或者甲是罪犯，或者乙是罪犯。已查明甲不是罪犯。所以，乙是罪犯。

解：令 p 表示"甲是罪犯"，q 表示"乙是罪犯"，则推理①的真值形式是$((p \lor q) \land p) \to \neg q$；推理②的真值形式是$((p \lor q) \land \neg p) \to q$。构造它们的真值如表 4-9 所示

表 4-9

p	q	$((p \lor q) \land p) \to \neg q$	$((p \lor q) \land \neg p) \to q$
1	1	0	1
1	0	1	1
0	1	1	1
0	0	1	1

上述真值表说明，推理②的真值形式为重言式，因此，推理有效。推理①的真值形式不是重言式，因此，推理无效。

例 4-4　用真值表判定下述推理：

或者逻辑难学，或者没有多少学生喜欢它。如果数学容易学，那么逻辑不难学。因此，如果许多学生喜欢逻辑，那么学数学并不太容易。

解：令 p 表示"逻辑难学"，q 表示"许多学生喜欢逻辑"，r 表示"数学容易学"，则该推理的真值形式是：$((p \lor \neg q) \land (r \to \neg p)) \to (q \to \neg r)$。构造它的真值如表 4-10 所示。

表 4-10

p	q	r	$((p \lor \neg q) \land (r \to \neg p)) \to (q \to \neg r)$
1	1	1	1
1	1	0	1
1	0	1	1
1	0	0	1
0	1	1	1
0	1	0	1
0	0	1	1
0	0	0	1

所以,该推理有效。

2. 归谬赋值法

从理论上说,对于任意的真值形式,用真值表都可以加以判定,但实际上,像上面[例4-4]这样的包含三个命题变项的真值形式,它的真值表已经显得臃肿、繁杂;如果一个推理包括更多的命题变项,那么构造它的真值表就非常麻烦。这就使我们考虑寻找其他的判定方法。

归谬赋值法就是一种判定方法,它是真值表方法的简化运用。因此,也称为简化真值表法。

归谬赋值法的基本思想是:为了证明一个蕴涵式是重言式,必须证明它不可能前件真且后件假。先假设所要判定的蕴涵式前件真且后件假,并根据这个假设,给每个命题变项赋值,使其满足前件真且后件假。在这样的赋值过程中,如果出现矛盾赋值,即必须同时给同一命题变项既赋真又赋假,那么,这说明原假设不能成立,因而它是重言式;反之,如果不出现矛盾赋值,则说明至少存在一组赋值满足前件真且后件假,因而不是重言式。

例 4-5　试判定下列推理是否有效:

如果地球围绕太阳公转,但并不围绕自己的轴线自转,那么,地球上就没有白天和黑夜。因为事实是地球上有白天和黑夜。所以,或者地球并不公转,或者地球既公转又自转。

解:令 p 表示"地球绕太阳公转",q 表示"地球绕自己的轴线自转",r 表示"地球上有白天和黑夜",则上述推理的真值形式及归谬赋值如下:

$$(((p \wedge \rightarrow q) \rightarrow \rightarrow r) \wedge r) \rightarrow (\rightarrow p \vee (p \wedge q))$$

归谬赋值的过程是:假设前件真,后件假,并根据这一假设给各命题变项赋值。后件是析取式,为使后件假,必须使"→p"和"p∧q"这两个析取支都假。为使"→p"假,必须给 p 赋真;为使"p∧q"假,必须给 q 赋假(因为 p 已赋真)。前件是合取式,为使前件真,两个合取支"(p∧→q)→→r"和 r 必须都真,即必须给 r 赋真,因为 p 已赋真而 q 已赋假,所以"p∧→q"真,为使(p∧→q)→→r真,r 必须赋假。而 r 已赋真,矛盾! 所以原假设不成立,该真值形式是重言式,推理有效。

例 4-6　试判定下列推理是否有效:

事实上我的勺是干的,所以我没有在自己的咖啡中加糖。因为如果我搅动了咖啡,我的勺一定是潮的。然而我不会搅动咖啡,除非我给它加糖。

注意,该推理的结论是"我没有在自己的咖啡中加糖",其余的都是前提。

令 p 表示"我的勺是干的",q 表示"我给自己的咖啡加糖",r 表示"我搅动了自己的咖啡",则上述推理的真值形式及归谬赋值如下:

$$((r \rightarrow \neg p) \wedge (\neg q \rightarrow \neg r) \wedge p) \rightarrow \neg q$$

归谬赋值的过程是:假设前件真,后件假,并根据这个假设给每个命题变项赋值。为使后件假,必须给 q 赋真。前件是合取式,为使前件真,三个合取支"r→¬p""¬q→¬r"和 p 必须都真,即给 p 赋真。因为 p 被赋真,所以为使"r→¬p"真,必须给 r 赋假;而在 q 赋真、r 赋假的情况下,第二个合取支"q→¬r"也是真的。赋值完毕,没有出现矛盾赋值。也就是说,在 p 真、q 真、r 假这组赋值下,原真值形式满足前件真,后件假,因此不是重言式。原推理无效。

3. 范式方法

(1)常用重言式

下面列出一些常用重言式。这些重言式可用真值表法和归谬赋值法判定。

① $p \rightarrow p$

这是同一律。

② $((p \rightarrow q) \wedge p) \rightarrow q$

这是分离律。它可以刻画充分条件假言推理的肯定前件式。

③ $p \vee \neg p$

这是排中律。

④ $\neg(p \wedge \neg p)$

这是矛盾律。

⑤ $((p \rightarrow q) \wedge \neg q) \rightarrow \neg p$

这称为否定后件律。它可以刻画充分条件假言推理的否定后件式。

⑥ $((p \vee q) \wedge \neg p) \rightarrow q$

$((p \vee q) \wedge \neg q) \rightarrow p$

这两个重言式称为析取否定肯定律。它可以刻画选言推理。

⑦$(p \lor q) \to p$

　$(p \lor q) \to q$

这两个重言式称为合取分解律。它可以刻画联言推理的分解式。

⑧$(p \to q) \land (q \to r) \to (p \to r)$

这是连锁蕴涵律。

⑨$(p \to (r \land \neg r)) \to \neg p$

这是归谬律。它的涵义是,如果从一个命题可以推出矛盾,那么,这命题就是假的。

⑩$p \to (p \lor q)$

这是析取添加律。

以上⑤～⑩式是重言蕴涵式。以下是一些重要的重言等值式。

⑪$q \leftrightarrow \neg\neg q$

这是双重否定律。

⑫$\neg(p \land q) \leftrightarrow (\neg p \lor \neg q)$

　$\neg(p \lor q) \leftrightarrow (\neg p \land \neg q)$

这两个重言式称为德·摩根律。它说明"$\land$"和"$\lor$"可以互相定义:$p \land q$可以定义为:$\neg(\neg p \lor \neg q)$;$p \lor q$可以定义为$\neg(\neg p \land \neg q)$。

⑬$(p \land q) \leftrightarrow (q \land p)$

　$(p \lor q) \leftrightarrow (q \lor p)$

这分别是合取交换律和析取交换律。

⑭$(p \land (q \lor r)) \leftrightarrow ((p \land q) \lor (p \land r))$

　$(p \lor (q \land r)) \leftrightarrow ((p \lor q) \land (p \lor r))$

这两个重言式称为分配律。

⑮ $(p \rightarrow q) \leftrightarrow (\rightarrow p \vee q)$

这是蕴涵析取律。它说明"$\rightarrow$"和"$\vee$"可以互相定义。

⑯ $p \leftrightarrow (p \wedge (q \vee \rightarrow q))$

    $p \leftrightarrow (p \vee (q \wedge \rightarrow q))$

这两个重言式称为加元律。

⑰ $(p \leftrightarrow q) \leftrightarrow ((p \rightarrow q) \wedge (q \rightarrow p))$

    $(p \leftrightarrow q) \leftrightarrow ((p \wedge q) \vee (\rightarrow p \wedge \rightarrow q))$

这两个重言式称为等值律。它说明"$\leftrightarrow$"可以用其他联结词定义。

⑱ $(p \vee p) \leftrightarrow p$

    $(p \wedge p) \leftrightarrow p$

这称为简化律。

这些重言式要经常用到,必须熟记。

（2）范式

设 A 为一真值形式,A′为它的范式。A′具有如下特点:第一,A↔A′;第二,A′直观可判定。也就是说,A′是否为重言式或矛盾式通过对其相应的规范形式的观察即可直接判定。因此,对真值形式的判定,可以归结为求它的范式。

范式分为合取范式和析取范式。为了定义什么是合取范式和析取范式,先引入一些概念。

简单析取式。简单析取式是这样一种析取式,它的任一析取支是一命题变项或其否定。如 $p \vee q$、$p \vee \rightarrow q \vee r$ 等是简单析取式,$p \vee (\rightarrow q \wedge r)$ 则不是。

一简单析取式是重言式当且仅当存在一命题变项及其否定同时是它的析取支。如 $p \vee q \vee \rightarrow q$ 是重言的简单析取式,而 $\rightarrow p \vee q \vee r$ 则不是。显然,一个简单析取式是否为重言式,根据其形式即可直观判定。

为什么一简单析取式是重言式当且仅当存在一命题变项及其否定同时是它的析取支呢？因为在任意的赋值下，一命题变项及其否定总有一真，而一析取式只要有一析取支真，它的值就真，因此，如果一命题变项及其否定同时作为析取支出现，这样的析取式总是真的；另一方面，如果不存在一命题变项及其否定同时作为析取支出现，那么这样的简单析取式就一定存在一组赋值使其每个析取支都假，因而就不是重言式。

简单合取式。简单合取式是这样一种合取式，它的任一合取支是一命题变项或其否定。如 p∧q、¬p∧q∧¬r 等是简单合取式，而 p∧(¬q∨r)则不是。

类似的道理证明，一简单合取式是矛盾式当且仅当存在一命题变项及其否定同时是它的合取支。如 p∧¬q∧¬p 是矛盾的简单合取式。同样显然，一简单合取式是否为矛盾式，也是直观可判定的。

我们约定，单个命题变项及其否定，如 p、¬q 等，既可看作简单析取式，也可看作简单合取式。

定义了简单析取式和简单合取式以后，就可以定义合取范式和析取范式了。

合取范式。合取范式是这样一种合取式，它的任一合取支都是简单析取式。如(p∨q)∧(¬p∨r)、p∧(p∨¬q)∧r 等是合取范式，(p∨(q∧¬r))∧(p∨¬q)则不是。

析取范式。析取范式是这样一种析取式，它的任一析取支是简单合取式。如(p∧¬q)∨(¬p∧r)、p∧(p∨¬q)∧r 等是析取范式，p∨(q∧(p∨¬r))则不是。

一合取范式是重言式，当且仅当它的任一合取支都是重言的简单析取式，而一个简单析取式是否为重言式是直观可判定的，因此，一合取范式是否为重言式也是直观可判定的。

一析取范式是矛盾式,当且仅当它的任一析取支都是矛盾的简单合取式,而一个简单合取式是否为矛盾式是直观可判定的,因此,一析取范式是否为矛盾式也是直观可判定的。

由于一个真值形式和它的范式是等值的,因此,判定一真值形式是否为重言式,可以归结为求它的合取范式;判定一真值形式是否为矛盾式,可以归结为求它的析取范式。

现在的问题是,任一真值形式的范式是否一定存在? 如何求一个真值形式的范式?

(3)求范式的方法范式的存在性

求一个真值形式的范式的方法,包括这样几个具体步骤:

第一,先将真值形式中的"↔"和"→"完全消去。即用 $(p\land q)\lor(\neg p\land\neg q)$ 置换 p↔q,用→p∨q 置换 p→q。

第二,将"→"逐步内移至命题变项之前,消去双重否定号。即用→p∧→q 置换→(p∨q),用→p∨→q 置换→(p∧q),用 p 置换→→p。

经过上述两个步骤后,真值形式中只有命题变项、否定以及"∧"和"∨"。

第三,在上述步骤的基础上,运用合取分配律并加以化简就得原真值形式的析取范式;运用析取分配律并加以化简就得原真值形式的合取范式。

任何真值形式,运用上述方法,都能在有限步内得到一个与之等值的范式。这也就是说,任一真值形式的范式是存在的。

例 4-7 用范式方法判定以下真值形式是否为重言式:

$$(p\land(p\to q))\to q$$

解:判定该式是否为重言式,须求它的合取范式:

消去"→": $\neg(p\land(\land p\lor q))\lor q$ (1)

内移"→": $(\neg p\lor(\neg\neg p\land\neg q))\lor q$ (2)

消去"→":(→p∨(p∧→q))∨q   (3)

展开:(→p∨p∨q)∧(→p∨→q∨q)   (4)

(4)式即为原式的合取范式,显然是重言式。因此,原式是重言式。

例 4-8 用范式方法判定以下真值形式是否为矛盾式:

$$(p∨q)↔(→p∧→q)$$

解:判定是否为矛盾式,须求析取范式:

消去"↔":((p∨q)∧(→p∧→q))∨(→(p∨q)∧→(→p∧→q))   (1)

内移"→":((p∨q)∧(→p∧→q))∨((→p∧→q)∧(→→p∧→→q))   (2)

消去"→":((p∨q)∧(→p∧→q))∨((→p∧→q)∧(p∨q))   (3)

化简:(→p∧→q)∧(p∨q)   (4)

展开:(p∧→p∧→q)∨(q∧→p∧→q)   (5)

(5)式即为原式的析取范式,显然是矛盾式。因此,原式是矛盾式。

(4)范式方法在命题推理判定中的运用

下面通过实例来说明范式方法在命题推理判定中的运用。一命题推理有效,当且仅当它的真值形式是重言式。因此,一命题推理的判定,可归结为求它的真值形式的合取范式。

例 4-9 试判定下面两个推理的有效性:

①与人民为敌,而又不受历史的惩罚,这是妄想。因此,要想不受历史的惩罚,只有不与人民为敌。

②与人民为敌,而又不受历史的惩罚,这是妄想。因此,只要不与人民为敌,就能不受历史的惩罚。

解：令 p 表示"与人民为敌"，q 表示"受历史的惩罚"，则推理①的真值形式是：→(p∧→q)→(p→q)。推理②的真值形式是：→(p∧→q)→(→p→→q)。

先求→(p∧→q)→(p→q)的合取范式：

消去"→"：→→(p∧→q)∨(→p∨q)　　　　　　　　　　　　　(1)

消去"→→"：(p∧→q)∨(→p∨q)　　　　　　　　　　　　　　(2)

展开：(p∨→p∨q)∧(→q∨→p∨q)　　　　　　　　　　　　　(3)

(3)式即为合取范式，显然是重言式。因此，推理①有效。

再求→(p∧→q)→(→p→→q)的合取范式：

消去"→"：→→(p∧q)∨(→→p∨→q)　　　　　　　　　　　　(1′)

消去"→→"：(p∧q)∨(p∨→q)　　　　　　　　　　　　　　　(2′)

展开：(p∨p∨→q)∧(q∨p∨→q)　　　　　　　　　　　　　　(3′)

(3′)式即为合取范式，显然不是重言式。因此，推理②无效。

这里说明一下，为什么推理①的结论"要想不受历史的惩罚，只有不与人民为敌"的真值形式是"p→q"。我们知道，必要条件假言命题"只有 A，才 B"的真值形式是"→A→→B"，因此，"只有不与人民为敌，才能不受历史的惩罚"的真值形式是"→→p→→→q"，即"p→q"。

例 4-10　试判定下面推理的有效性：

如果你喜欢逻辑而不喜欢数学，那么，你并不是真喜欢逻辑。因此，如果你真喜欢逻辑，那么一定喜欢数学。

解：令 p 表示"你喜欢逻辑"，q 表示"你喜欢数学"，则上述推理的真值形式是：((p∨→p)→→p)∨(→p→q)。

求它的合取范式：

消去"→"：→(→(p∧→q)∨→p)∨(→p∧q)　　　　　　　　　　(1)

内移"→"：(→→(p∧→q)∧→→p)∨(→p∧q)　　　　　　　　　(2)

消去"→→"：((p∧→q)∧p)∨(→p∧q)　　　　　　　　　　　　(3)

展开、化简：$(p \lor \to p \lor q) \land (\to q \lor \to p \lor q)$　　　　　(4)

(4)式是重言的合取范式。所以，推理有效。

需要注意的是，一个真值形式的范式不是唯一的，也就是说，同一真值形式可以求得不同的范式。当然，这些范式都是等值的。因此，范式虽然不具有唯一性，但用范式方法进行判定所得出的结论具有唯一的确定性。

参考文献

[1]熊立文.现代归纳逻辑的发展[M].北京:人民出版社,2004.

[2]李小五.现代逻辑学讲义[M].广州:中山大学出版社,2005.

[3]陈波.逻辑学十五讲[M].北京:北京大学出版社,2008.

[4]邢滔滔.数理逻辑[M].北京:北京大学出版社,2008.

[5]欧文·M·柯匹等著.张建军等译.逻辑学导论[M].第11版.北京:中国人民大学出版社,2007.

[6]帕特里克·赫尔利著.陈波等译.简明逻辑学导论[M].第10版.北京:世界图书出版公司,2010.

[7]雷曼著.杨武金译.逻辑的力量[M].第3版.北京:中国人民大学出版社,2010.

[8]蔡曙山.语言、逻辑与认知[M].北京:清华大学出版社,2008.

[9]鞠实儿等.面向知识表示与推理的自然语言逻辑[M].北京:经济科学出版社,2009.

[10]邹崇理,蔡曙山.自然语言形式理论研究[M].北京:人民出版社,2010.

[11]理查德·保罗等著.乔苒等译.批判性思维[M].北京:新星出版社,2006.

[12]约翰·范本特姆著.刘新文等译.逻辑、语言和认知[M].北京:科学出版社,2009.

[13]斯坦哈特著.黄华新等译.隐喻的逻辑[M].杭州:浙江大学出版社.2009.

第 5 章　词项逻辑

词项逻辑(term logic)是研究直言命题推理或论证的有效性评价的逻辑。这种论证是指前提和结论都包含直言命题的论证。直言命题论证通常分为三类：对当关系论证、直言命题运算论证和三段论。对当关系论证是根据具有相同素材(即具有相同的主项和谓项)A、E、I、O 四个命题的真假关系即对当关系所进行的论证。直言命题运算论证又称为命题变形论证，是指通过改变命题的质或量从而推导出新命题的论证。直言三段论是指由两个包含一个共同项的前提有效地推导出结论的论证。

5.1　词项

命题逻辑把原子命题作为一个不再分析的基本单位来考察。但有时需要分析原子命题的内部结构，才能判定某些推理的有效性。如：

所有金属是导电的。

铜是金属。

所以，铜是导电的。

在命题逻辑中，这个推理只能表示为：

p

q

∴r

即：

p∧q→r

这不是一个重言式。从命题逻辑的观点看,这个推理不是有效的。

然而,上述推理,在直观上显然有效。事实上,它们的有效性,不是依赖于原子命题间的逻辑关系,而是依赖于原子命题内部的结构。命题逻辑无力分析此类推理。考察此类推理的有效性,必须分析原子命题的内部结构。这是本章词项逻辑和下章谓词逻辑的任务。如果把命题逻辑称作逻辑分子学,则词项逻辑就是传统逻辑原子学,谓词逻辑是现代逻辑原子学。

在词项逻辑中,原子命题被分析为主项、谓项、量项和联项的合式构成。

5.2　直言命题

5.2.1　直言命题的定义和结构

直言命题是断定对象具有或不具有某种性质的命题,亦称性质命题。如：

(1)所有哺乳动物是脊椎动物。

(2)有动物不是胎生。

例(1)断定了"所有哺乳动物"具有"脊椎动物"的性质。例(2)断定了"有动物"不具有"胎生"的性质。

直言命题由主项、谓项、联项和量项四要素构成。

主项表示所断定的对象。如例(1)、(2)中的"哺乳动物""动物"。

谓项表示所断定的性质。如例(1)、(2)中的"脊椎动物""胎生"。

主项和谓词统称词项。通常用大写字母 S、P 等表示词项。

联项表示所作的断定,即肯定或否定。表示肯定的联项,称为肯定联项,一般用"是"表示。表示否定的联项,称为否定联项,一般用"不是"表示。联项表示主项和谓项肯定或否定的联系。

联项刻画直言命题的质。直言命题的质,指它是肯定命题或否定命题。如例(1)是肯定命题,例(2)是否定命题。

量项表示主项外延被断定的情况。量项有全称和特称的不同。全称量项一般用"所有""任一"等表示。特称量项一般用"有""有的""有些"等表示。在直言命题中,全称量项表示,主项外延的全部分子具有命题所断定的性质。特称量项表示,主项外延中存在分子具有命题所断定的性质。具有全称量项的直言命题,称全称命题。具有特称量项的称特称命题。

量项刻画直言命题的量。直言命题的量,指它是全称或特称命题。如例(1)是全称命题,例(2)是特称命题。

量项和联项是逻辑常项,主项和谓项是逻辑变项。根据逻辑常项的不同,直言命题分为不同的种类。

5.2.2 直言命题的种类

直言命题按质分为肯定和否定命题,按量分为全称和特称命题[①]。

---

① 直言命题可分为以下四种:

全称肯定命题的标准形式为:所有 S 是 P,简记为 SAP。简称 A 命题。

全称否定命题的标准形式为:所有 s 不是 P,简记为 SEP。简称 E 命题。

特称肯定命题的标准形式为:有 S 是 P,简记为 SIP。简称 I 命题。

特称否定命题的标准形式为:有 s 不是 P,简记为 SOP。简称 O 命题。

需要说明的是,首先,主项为单独概念的直言命题,称为单称命题。其次,逻辑上的特称量项"有"和日常语言中的"有",涵义不完全相同。在日常语言中,当断定"有S是P"的时候,通常还包含着"有S不是P"的涵义。但是,逻辑上的特称量项"有",并不包含这一涵义。逻辑上的特称命题,断定"有S是P",是断定至少存在着一个S是P的情况,至于究竟存在量的多少,则没有确切地断定,可多可少,但至少有一个,多可以到全体。所以,特称命题也叫做存在命题。如事实上所有中国人是炎黄子孙,对应于这个事实的全称命题"所有中国人是炎黄子孙"真,特称命题"有中国人是炎黄子孙"也真。

5.2.3 自然语言中直言命题的规范化

自然语言中的直言命题,有些以标准形式表达,大量的以非标准形式表达。如:

(1)没有无因之果。

(2)天鹅不都白。

(3)鱼目岂能混珠。

(4)不少植物不是多年生。这些直言命题,或省略了量项,或省略了联项,或使用了不规范的量项或联项。在词项逻辑中,在对这样一些不规范的直言命题进行逻辑分析时,需要根据原意,把它们整理成规范形式:

命题(1)可以整理为"所有结果是有原因的",是A命题。

命题(2)可以整理为"有天鹅不是白的",是I命题。

命题(3)可以整理为"所有鱼目不是能混珠的",是E命题。

命题(4)可以整理为"有植物不是多年生",是O命题。

对自然语言中的直言命题作规范化分析,需注意两点:

第一,不能改变命题的原意。例如,如果把命题(2)整理成"有些天鹅是白的",就改变了原意。

第二,同一命题,在不改变原意的前提下,可以整理成不同的规范形式。如"甲班同学不都是中国国籍",可以整理成"有甲班同学不是中国国籍",是 O 命题;也可以整理成"有甲班同学是非中国国籍",是 I 命题。当然,作为 O 命题,其谓项是"中国国籍",作为 I 命题,其谓项是"非中国国籍"。

5.2.4　直言命题中词项的周延性

直言命题的词项周延性,是在词项逻辑中判定推理有效性的一个重要概念。

直言命题的主项和谓项,统称为词项。

在一个直言命题中,如果其主项或谓项的全部外延都被断定,就称该主项或谓项是周延的;否则,就称为是不周延的[①]。

A、E、I、O 四种命题主、谓项周延情况如表 5-1 所示。

表 5-1

命题类型	主项	谓项
A	周延	不周延
E	周延	周延
I	不周延	不周延
O	不周延	周延

---

①　周延性的一般规则是:全称命题主项周延;特称命题主项不周延;肯定命题谓项不周延;否定命题谓项周延。

5.2.5 主、谓项相同的四种直言命题间的真假关系

直言命题的主、谓项分别对应相同,称它们是同一素材。如:

(1)所有困难是可以克服的。

(2)所有困难不是可以克服的。

(3)有困难是可以克服的。

(4)有困难不是可以克服的。

这四个直言命题是同一素材,它们的主、谓项相同。如:

(1)有天鹅是白的。

(2)有天鹅是黑的。

这两个命题主项相同,谓项不同,不是同一素材。

同一素材的命题间,在真假方面存在着互相制约关系。如:若"所有癌症都不是传染的"真,则"有癌症是传染的"假。

同一素材直言命题间的真假关系,称为对当关系。

对当关系可用下面的方形图(图 5-1)刻画。这个方形图,称为逻辑方阵。

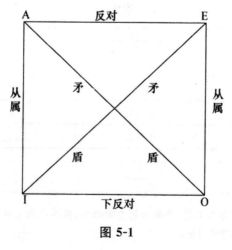

图 5-1

根据逻辑方阵的刻画,同一素材的 A、E、I、O 四种直言命题间,存在着四种不同的关系:

第一,矛盾关系。分别存在于 A 和 O、E 和 I 之间。具有矛盾关系的两个命题,不能同真,也不能同假。如果其中一个命题真,则另一个命题假;其中一个命题假,则另一个命题真。如:

所有甲班同学考试及格。

所有甲班同学考试没及格。

这两个命题具有矛盾关系,不能同真,也不能同假。

第二,反对关系。存在于 A 和 E 之间。具有反对关系的命题,不能同真,可以同假。如果其中一个命题真,则另一个命题假;其中一个命题假,另一个命题真假不定。如:

所有甲班同学考试及格。

所有甲班同学考试没及格。

这两个命题具有反对关系,不能同真,可以同假。

第三,下反对关系。存在于 I 和 O 之间。具有下反对关系的命题,可以同真,不能同假。如果其中一个命题真,另一个命题真假不定;如果其中一个命题假,则另一个命题真。如:

有甲班同学考试及格。

有甲班同学考试没及格。这两个命题具有下反对关系,可以同真,不能同假。

第四,从属关系。分别存在于 A 和 I、E 和 O 之间。具有从属关系的两个命题,一个是全称命题,另一个是特称命题。全称命题蕴涵特称命题。如果全称命题真,则特称命题真。如果全称命题假,则特称命题真假不定。如果特称命题假,则全称命题假。如果特称命题真,则全称命题真假不定。如:

所有甲班同学考试及格。

有甲班同学考试及格。这两个命题具有从属关系:

如果"所有甲班同学考试及格"真，则"有甲班同学考试及格"真。

如果"所有甲班同学考试及格"假，则有两种可能情况：或者"所有甲班同学考试没及格"，或者"有甲班同学考试及格"并且"有甲班同学考试没及格"。在第一种情况下，"有甲班同学考试及格"假；在第二种情况下，"有甲班同学考试及格"真。这说明"有甲班同学考试及格"真假不定。

如果"有甲班同学考试及格"假，则"所有甲班同学考试及格"假。

如果"有甲班同学考试及格"真，则有两种可能情况：或者"所有甲班同学考试及格"，或者"有甲班同学考试及格"并且"有甲班同学考试没及格"。在第一种情况下，"所有甲班同学考试及格"真；在第二种情况下，"所有甲班同学考试及格"假。这说明"所有甲班同学考试及格"真假不定。

直言命题的真假，与其主、谓项外延间的关系有确定联系。

主项 S 和谓项 P 外延间的关系，有且只有五种情况：

S 和 P 是全同关系；

P 和 S 是属种关系（P 真包含 S）；

S 和 P 是属种关系（S 真包含 P）；

S 和 P 是交叉关系；

S 和 P 是不相容关系。

在上述五种关系下，SAP、SEP、SIP 和 SOP 这四种同一素材的直言命题，都有唯一确定的真假。如下表所示：

上表说明，对当关系的诸关系成立。如：

如果 SAP 真，则"S 和 P 全同"或"P 真包含 S"成立；在两种关系下，SIP 都真。这说明，如果 SAP 真，则 SIP 真。

如果 SAP 假，则"S 真包含 P"、"S 与 P 交义"或"S 与 P 全异"

成立。在这三种关系的前两种关系下 SIP 真,在后一种关系下 SIP 假。这说明如果 SAP 假,则 SIP 真假不定。

类似地,可说明如果 SIP 假,则 SAP 假;如果 SIP 真,则 SAP 真假不定。

因此,SAP 与 SIP 间的从属关系成立。

类似地,可说明矛盾关系、反对关系和下反对关系成立。

根据 A、E、I、O 之间的对当关系,可由其中一个命题的真假情况,推知其他三个命题的真假情况。如:

(1)已知:"所有公民要守法"真,求同一素材的其他命题的真假。

由条件,已知 A 命题真。

由矛盾关系,由 A 真可推知 O 假,即"有公民不要守法"假;

由从属关系,由 A 真可推知 I 真,即"有公民要守法"真;

由反对关系,由 A 真可推知 E 假,即"所有公民不要守法"假。

(2)对当关系中,已知矛盾关系和从属关系成立,求证反对关系和下反对关系成立。

先证反对关系成立。

如果 A 真,根据矛盾关系得 O 假,由 O 假,根据从属关系得 E 假,即如果 A 真则 E 假。同理,如果 E 真则 A 假。

由矛盾关系知,A 假当且仅当。真,即 A 假与 O 真等价。同时,O 真则 E 真假不定。因此,如果 A 假则 E 真假不定。

因此,反对关系成立。

用同样方法,可证下反对关系成立。

例(2)说明,根据已知命题的真假,求同一素材其他命题的真假,只用矛盾关系和从属关系就可满足。又如:

（3）甲说："所有零件经过检查"。

乙说："没有零件经过检查"。

丙说："说有零件没有经过检查，不符合事实。"

丁说："有零件经过检查"。

已知四人中，只有一人说假话，问说假话的是谁？

此例中，甲的断定为 A 命题；乙的断定可整理为"所有零件没有经过检查"，是 E 命题；丙断定 O 命题假，根据矛盾关系，等于断定 A 命题为真；丁的断定为 I 命题。

因此，甲和丙的断定内容相同。由条件只有一人说假话，所以甲和丙的断定是真的，即 A 命题真。由对当关系，可推知 I 真，E 假。即说假话的是乙。①

下面的六角阵图形（图 5-2），可用来刻画六种命题间的真假关系：SAP、SEP、s 是 P、s 不是 P、SIP 和 SOP。这里，"s 是 P"和"s 不是 P"，分别是单称肯定和单称否定命题，其中"S"表示概念 S 外延中的一个确定分子。

---

① 对当关系的成立，以直言命题的主项非空（即主项所断定的对象是存在的）为条件。如果主项是空概念，即它所断定的对象不存在，那么，对当关系就不普遍成立。如"所有永动机造价高"，是 A 命题。"有永动机造价不高"，是 0 命题。根据矛盾关系，它们必有一真一假。很难设想，其中哪个命题是真的。因为永动机是不可能存在的。和传统逻辑对这个问题的直观说明有所不同的是，根据现代逻辑的形式处理，如果直言命题的主项是空概念，那么，相应的对当关系中，只有矛盾关系成立，其他的关系均不成立。在对当关系中，单称命题不能作全称命题处理。因为单称肯定命题和单称否定命题是矛盾关系，如果把它们分别处理为全称肯定命题和全称否定命题，就成为反对关系。如果把单称命题作全称命题来处理，则"鲁迅是文学家"和"鲁迅不是文学家"就成为反对关系，不能设想，这两个命题可以同假。

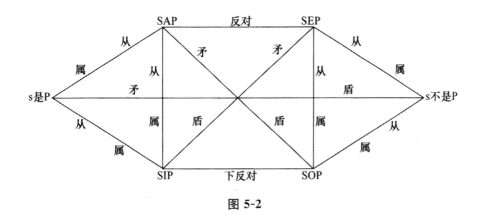

图 5-2

图 5-2 说明,除了原有的对当关系外,以下各关系成立:

单称肯定和单称否定命题是矛盾关系;

从属关系在以下命题间成立:

全称肯定命题和单称肯定命题之间;

单称肯定命题和特称肯定命题之间;

全称否定命题和单称否定命题之间;

单称否定命题和特称否定命题之间。

如在某次税务检查后,三个工商管理人员有如下结论:

甲:所有个体户已经纳税。

乙:服装个体户陈老板已经纳税。

丙:有个体户已经纳税。

如果上述三个命题中有且只有一个假,则哪个命题为假?

此例中,甲的话是全称肯定命题,乙的话是单称肯定命题,丙的话是特称肯定命题。

因为甲的话和乙的话是从属关系,甲的话和丙的话亦是从属关系,如果甲的话真则乙的话真且丙的话亦真,从而甲的话不可能为真,故甲的话为假。

5.3　直接推理

5.3.1　对当关系直接推理

对当关系直接推理,是根据直言命题 A、E、I、O 间的真假关系,亦即对当关系进行的推理。A、E、I、O 间的对当关系,即反对关系、下反对关系、从属关系和矛盾关系,依据这四种关系,可以进行如下直接推理。

1. 反对关系直接推理

依据反对关系,可由 A 真推得 E 假,由 E 真推得 A 假。于是有下列推理形式:

(1)SAP→并非 SEP

如:所有奇数是整数,所以,并非所有奇数不是整数。

(2)SEP→并非 SAP

如:所有事物不是一成不变的,所以,并非所有事物是一成不变的。

2. 下反对关系直接推理

依据下反对关系,可由 I 假推得 O 真,由 O 假推得 I 真。于是有下列推理形式:

(1)并非 SIP→SOP

如:并非有分数是无理数,所以,有分数不是无理数。

(2)并非 SOP→SIP

如:并非有金属不是导体,所以,有金属是导体。

3. 矛盾关系直接推理

依据矛盾关系,可由 A 与 O 其一为真推得另一为假,由其一为假推得另一为真。对于 E 与 I,也可进行类似推导。于是有下列推理形式:

(1)SAP→并非 SOP

并非 SOP→SAP

如:所有偶数是整数,所以,并非有偶数不是整数。

并非有自然数不是整数,所以,所有自然数是整数。

(2)SEP→并非 SIP

并非 SIP→SEP

如:所有金属不是绝缘体,所以,并非有金属是绝缘体。

并非有等边三角形是钝角三角形,所以,所有等边三角形不是钝角三角形。

(3)SIP→并非 SEP

并非 SEP→SIP

如:有整数能被 2 整除,所以,并非所有整数不能被 2 整除。

并非所有四边形不是菱形,所以,有四边形是菱形。

(4)SOP→并非 SAP

并非 SAP→SOP

如:有三角形不是等腰三角形,所以,并非所有三角形是等腰三角形。

并非所有金属是固体,所以,有金属不是固体。

4. 从属关系直接推理

依据从属关系,可由 A 真推得 I 真,由 I 假推得 A 假。可由 E 真推得 O 真由 O 假推得 E 假。于是有下列推理形式:

(1)SAP→SIP

如:所有金属是导体,所以,有金属是导体。

(2)SEP→SOP

如:所有整数不是无理数,所以,有整数不是无理数。

(3)并非 SIP→并非 SAP

如:并非有事物是静止的,所以,并非所有事物是静止的。

(4)并非 SOP→并非 SEP

如:并非有自然数不是实数,所以,并非所有自然数不是实数。

5.3.2 命题变形直接推理

命题变形直接推理有换质法和换位法。

1. 换质法

换质法是通过改变前提的质,即由肯定变否定,或由否定变肯定,从而推出结论的方法。要求如下:

第一,结论和前提不同质,即如果前提是肯定命题,则结论是否定命题;如果前提是否定命题,则结论是肯定命题。

第二,结论不改变前提的量,即如果前提是全称命题,则结论是全称命题;如果前提是特称命题,则结论是特称命题。

第三,用与前提的谓项构成矛盾关系的概念,作为结论的谓项。结论谓项与前提谓项间的关系,必须是矛盾关系,不能是其他关系,如不能是反对关系。

因此,A 命题的换质变形,是从全称肯定推出全称否定,其形式是 SAP→ SEP,如:宪法赋予公民的所有权利都是合法的。所以,宪法赋予公民的所有权利都不是非法的。

E 命题的换质变形,是从全称否定推出全称肯定,其形式是:SEP→SAP,如:凡迷信不是科学。所以,凡迷信是非科学。

I 命题的换质变形,是从特称肯定推出特称否定,其形式是:SIP→SOP,如:有战争是正义战争。所以,有战争不是非正义战争。

O 命题的换质变形,是从特称否定推出特称肯定,其形式是:SOP→SI$\overline{P}$,如:有干部不是称职的,所以,有干部是不称职的。

2. 换位法

换位法是通过改变前提主、谓项的位置,从而推出结论的方法。要求如下:

第一,改变前提主、谓项的位置,即前提的主项作结论的谓项,前提的谓项作结论的主项。

第二,保持前提的质不变,即如果前提是肯定命题,则结论是肯定命题;如果前提是否定命题,则结论是否定命题。

第三,在前提中不周延的词项,在结论中不得周延。

换位法有以下三种有效形式:

(1)SAP→PIS

如:所有自然数是整数,所以,有整数是自然数。

在 SAP 中 P 是不周延的,所以 SAP 换位后不能得到 PAS(否则 P 在结论中周延,违反规则),而只能得到 PIS。

(2)SEP→PES

如:所有等边三角形不是钝角三角形,所以,所有钝角三角形不是等边三角形。

（3）SIP→PIS

如：有学生是影迷，所以，有影迷是学生。

对 SOP 不能进行换位。因为 S 在 SOP 中是不周延的，如果将 SOP 换位，则 S 在结论中作为否定命题的谓项是周延的，违反规则。如从"有树不是阔叶树"，不能推出"有阔叶树不是树"。

3. 换质法和换位法的综合运用

如果要判定从一个已知的前提，能否运用命题变形的直接推理推出一个给定的结论，那么，就可以从这个已知的前提出发，分别构造连续换质位推理或连续换位质推理。如果在推理过程中，推出了给定的结论，那么，问题就得到了肯定的判定。

如运用命题变形直接推理，判定下面推理是否成立：

SIP→$PO\overline{S}$

先连续换质位：SIP→$SO\overline{P}$，O 命题不能换位，没有推出预期的结论。

再连续换位质：SIP→PIS→$PO\overline{S}$

推出了预期的结论。

又如：所有唯物主义者不是有神论者。

所以，有些非唯物主义者不是无神论者。

令 S 表示"唯物主义者"，$\overline{P}$ 表示"有神论者"，则 P 表示"无神论者"。该推理的推理形式是：SEP→$\overline{S}O\overline{P}$

先连续换质位：SEP→$SA\overline{P}$→$\overline{P}IS$→$\overline{P}O\overline{S}$，O 命题不能换位，没有推出预期的结论。

再连续换位质：SEP→PES→$PA\overline{S}$→$\overline{S}IP$→$\overline{S}O\overline{P}$

推出了预期的结论。所以，该推理成立。

四种直言命题连续变形推理的有效式如下：

(1) $SAP \rightarrow SE\overline{P} \rightarrow \overline{P}ES \rightarrow \overline{P}A\overline{S} \rightarrow \overline{S}I\overline{P} \rightarrow \overline{S}O\overline{P}$

(2) $SAP \rightarrow PIS \rightarrow PO\overline{S}$

(3) $SEP \rightarrow SA\overline{P} \rightarrow \overline{P}IS \rightarrow \overline{P}O\overline{S}$

(4) $SEP \rightarrow PES \rightarrow PA\overline{S} \rightarrow \overline{S}I\overline{P} \rightarrow \overline{S}O\overline{P}$

(5) $SIP \rightarrow SO\overline{P}$

(6) $SIP \rightarrow PIS \rightarrow PO\overline{S}$

(7) $SOP \rightarrow SI\overline{P} \rightarrow \overline{P}IS \rightarrow \overline{P}O\overline{S}$

(8) SOP(不能先换位)

对(1)式的举例说明：

① SAP：所有司机是成年人：前提命题

② $SE\overline{P}$：所有司机不是非成年人：由①经换质所得

③ $\overline{P}ES$：所有非成年人不是司机：由②经换位所得

④ $\overline{P}A\overline{S}$：所有非成年人是非司机：由③经换质所得

⑤ $\overline{S}I\overline{P}$：有非司机是非成年人：由④经换位所得

⑥ $\overline{S}O\overline{P}$：有非司机不是成年人：由⑤经换质所得

需要说明的是,传统逻辑中的对当关系直接推理和命题变形直接推理,都预设了词项非空,即 S、P 表示的不是空概念。如果出现空词项,则上述推理式并非都有效。例如,如果 S 是空词项,则从 SEP 推不出 SOP,如从"所有未接触过细菌的人不会得细菌性传染病"推不出"有未接触过细菌的人不会得细菌性传染病",因为这个推理前提真,但结论假。

5.4　间接推理

前面提到。间接推理不同于直接推理的地方在于它的前提至少有两个,这就使间接推理较直接推理更为复杂,分析起来也要困难得多。三段论是最简单的、最基本的间接推理。下面以三段论为例讨论间接推理的有效性问题。

5.4.1 三段论的形式

1. 三段论的结构

研究三段论的主要目的是给出判定其有效性的一般方法,仍需要从三段论的形式进行分析。

首先对三段论中出现的三个词项进行区分。在一个三段论中,称出现在结论主项位置的那个词项为小项,出现在结论谓项位置的那个词项为大项。只在前提中出现的那个词项为中项。

以下面的三段论为例:

例:所有的魔鬼都不是说真话的. 所有的天使都是说真话的,所以,所有的天使都不是魔鬼。

其中,"天使"是小项,"魔鬼"是大项,"说真话的"是中项。

然后,区分三段论的两个前提。我们称出现小项的那个前提为小前提,出现大项的那个前提为大前提。(注意:中项只在前提中出现)

因此,在上例中,"所有的天使都是说真话的"是小前提,"所有的魔鬼都不是说真话的"是大前提。习惯上,用字母"S"表示小项,用"P"表示大项,用"M"表示中项。

注意:"大前提""小前提""结论"这些说法都是就具体的三段论而言的,它们的所指是具体的命题。

接下来,我们明确三段论的标准形式。传统上规定,三段论的形式如果从上到下是按照大前提、小前提、结论的顺序进行排列的。那么它就是"标准的";否则就是"非标准的"。如,上面的形式就不是三段论的标准形式,标准形式应为:.

$$\frac{\begin{array}{l}\text{PEM} \\ \text{SAM}\end{array}}{\text{SOP}}$$

以后除非特别申明,所谈论的三段论形式都是标准形式。

2. 三段论的格与式

历史上,三段论的形式又进一步被分为两个部分。即由大中小项构成的外围部分,以及表示大前提、小前提以及结论的字母构成的内核部分。通常称前一部分为三段论的"格",而称后一部分为三段论的"式"。在三段论的大中小项分别用 P、M、S 表示时,三段论可能的格只有以下四种:

M P	P M	M P	P M
S M	S M	M S	M S
S P	S P	S P	S P
第一格	第二格	第三格	第四格

从中项在前提中的位置来看:第一格的特点是中项在小前提中位于谓项位置,而在大前提中位于主项位置;第四格中中项出现的位置刚好与此相对。第二格的特点是中项在大小前提中都位于谓项位置,而第三格中中项出现的位置也与此相对。

作为三段论形式的内核部分,三段论的式由 A、E、I、O 这四个字母选三组合而成,所以,总共有 64(4×4×4)种不同的三段论的式。按照习惯,从左到右的顺序写出三段论的式。

总结起来,三段论的形式有边缘和内核两个部分,前一部分确定了三段论的格,后一部分确定三段论的式。对某个三段论,习惯上我们依据其形式的格与式,称它是第几格的某式,并按格之序数和式用短横线"—"连接起来的方式来简记。

5.4.2 三段论有效性的判定

给定一个三段论,就可相应地确定其形式,这样我们也就可以从形式上来判定该三段论有效与否。下面就来介绍两种常见的判定三段论有效性的方法。

1. 三段论有效性的文恩图判别法

从前面的论述,我们看到,三段论前提和结论的真值关系本质上是其中大项 P 与中项 M 的外延关系、小项 S 与中项 M 的外延关系以及大项 P 与小项 S 的外延关系三者之间的关系。要判定三段论的有效性,我们除了可以应用集合论的知识来对上述三种外延关系之间的关系进行判定之外。还可以用文恩图比较形象地表示出词项的外延关系. 这就是三段论有效性的文恩图判别法。

例 5-1 判定 2-EIO 式有效与否。

首先。确定 2-EIO 式的形式如下:

PEM
SIM
——
SOP

大前提"PEM"为真时,大项 P 与中项 M 的外延关系是全异关系,而小前提"SIM"为真时,小项 S 与中项 M 的外延关系是相容关系。我们可以用一个文恩图把上述两种外延关系表示如图 5-3 所示。

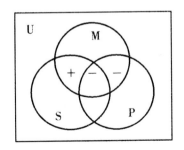

图 5-3

从上面的文恩图,我们可以看出集合 S-P 非空,所以,S 与 P 的外延关系一定满足 S⊄P。可见,对于 2-EIO 式,在前提 PEM 和 SIM 都为真时,一定可以确保使结论 SOP 为真的 S 与 P 的外延关系——S⊄P。因此,2-EIO 是有效式。

例 5-2　判定三段论"有的天使不是说谎者,因为所有的魔鬼都是说谎者,而所有的魔鬼都不是天使。"有效与否。

用 S 表示"天使",P 表示"说谎者",M 表示"魔鬼",则这个三段论的形式是:

$$\frac{\begin{array}{c}MAP \\ MES\end{array}}{SOP}$$

从两个前提为真,可以得到 M 与 P 是包含于关系,M 与 S 是全异关系,据此可以画出文恩图如图 5-4 所示。

要使结论 SOP 为真,必须有 S⊄P 成立。从上面的文恩图可以看出,要使 S⊄P 成立,除非标有数字 1 的块非空。但是,这个文恩本身已经表明即使在 S、M、M 非空的预设下,标有数字 1 的块可以非空。事实上,在这个文恩图中,保持已经标出的"—"号不动,当标有数字 1 的块为空集时,MAP 和 MES 为真,而 SOP 为假。这就表明了,原三段论是无效的。

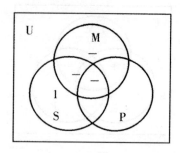

图 5-4

在应用文恩图进行判别时，我们要在适当的时候使用词项非空预设。

例 5-3 判定 3-AAI 式是否是有效式。

3-AAI 式的形式为：

MAP
MAS
SIP

从两个前提为真，我们可以得到 P 与 M 的外延关系以及 S 与 M 的外延关系如图 5-5 所示。

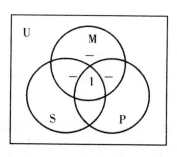

图 5-5

可以看出,图中所示的外延关系并不能确保结论 SIP 为真,即 S 与 P 的外延之间具有相容关系。但是,在词项非空的预设下,由于 M 非空,标有数字 1 的块就是非空的,从而 S 与 P 的外延关系满足相容关系。因此,3-AAI 式是有效式。

2. 三段论有效性的规则法

三段论有效性的判定方法,除了上述分法外还有一种比较古老但却常用的判定法,这就是"规则法"。它的基本原理就是使用若干条规则来对三段论的有效性进行判定:若三段论同时满足所有这些规则,则该三段论有效:若三段论至少违反这些规则之一,则该三段论无效。这一方法早在亚里士多德提出三段论理论之时就初具雏形,他为有效的三段论拟定了几条必须满足的规则,后来的逻辑学家对其进行修修补补,所拟定的规则不尽相同,但都大同小异。

这些规则陈述如下:

规则 1:中项的两次出现至少有一次是周延的。

规则 2:如果一个项在前提中不周延,那么它在结论中也不周延。

规则 3:如果结论是肯定的,那么前提都是肯定的。

规则 4:如果结论是否定的,那么前提有且仅有一个是否定的。

对于这四条规则有必要说明两点。

第一,各规则各司其职,对三段论的某一方面进行限定。其中:规则 1 对中项的外延情况进行限定,规则 2 对小项和大项的外延情况进行限定(请注意,中项不在结论中出现),规则 3 与 4 对前提和结论质的情况进行限定。

规则 2 稍微复杂一点,需作进一步说明。首先,只有当大项和小项都满足它时,才能认为规则 2 得到了满足,相反,只要大项和小项中的某一个违反了这条规则,就可认为规则 2 没有得到满足。另外,规则 2 有时也可等价地陈述为"如果一个项在结论中周延,那么它在前提中也周延"。

第二,这几条规则和三段论的有效性并没有直接的关联。严格说来,只有证明了三段论是有效的,当且仅当三段论都满足上述四条规则之后,我们才可以应用上述四条规则来对三段论进行判定。但是,据我们所知,在说明这些规则可用以判定三段论的有效性时,一般都只进行非常直观的说明而不是严格的证明,而所作的说明只是单方面地表明当违反各条规则,前提为真不能保证结论为真,而没有表明当满足所有这些规则时,前提为真能确保结论也为真。可以说,上述四条规则和三段论的有效性的关系至今还没有得到澄清。

当然,由于三段论不同的形式只有有穷多种(256 种),所以,我们可以分别使用规则法来对每一种形式进行判定,如果在每一种形式上,两种方法判定的结论都一致,这就表明规则法判定的结论是正确的,从而表明规则法就是行之有效的判定三段论有效的方法。逐一检验三段论的 256 种形式,可以发现事实正是如此。所以,以后就可放心地使用上述四条规则来对三段论的有效性进行判定。

例 5-4 判定 2-AEO 式是否是有效式。

2-AEO 式的形式如下:

PAM
SEM
—————
SOP

可以看出。中项 M 在小前提中周延,所以规则 1 得到满足;大项在大前提中周延,小项在小前提中也周延,所以规则 2 自然得到满足；前提和结论都只有一个否定命题，所以规则 3 和规则 4 都得到满足。综上所述，这个形式满足全部四条规则，所以是有效式。

例 5-5　判定三段论"所有的三段论都是推理，有的三段论不是命题，所以，有的命题不是推理"是否有效。

以 S 表示"命题"，P 表示"推理"，M 表示"三段论"，则这个三段论的形式是：

$$\frac{\begin{array}{l} MAP \\ MOS \end{array}}{SOP}$$

很显然，大项在大前提中不周延，但在结论中周延，所以，这个三段论违反了规则 2。据此即可判定这个三段论是无效的。

从上面两个例子可以看出，判定三段论的有效性使用规则的方法要比使用文恩图的方法显得简单一些，因此规则法判定三段论的有效性虽然在原理上没有文恩图法那样明确。但却是最常用的。事实上，在分析与三段论有效性有关的问题上，规则法往往显示出比其他两种方法更强大的威力。例如，要在 256 种三段论的形式中确定其中的有效式，应用文恩图法必须逐一对这 256 种形式进行检验，工作量很大。但是，应用规则法，按照结论的种类再按照格进行筛选，我们能很快确定所有可能的有效式。

首先按照结论的种类进行筛选。任何一个有效式，当结论是 A 命题时，由规则 3 和规则 4，前提只可能是 A 命题或 I 命题，注意到小项在结论中周延，再由规则 1 和规则 2，前提中至少有词项的两次出现是周延的（一次是中项，一次是小项），于是，前提中不可能出现 I 命题（否则前提中最多有词项的一次出现周延）。所以，当结论是 A 命题时，有效式可能的式只有 AAA 式一种。

当结论是 E 命题时，由规则 3 和规则 4，前提肯定否定各一，再考虑到结论中大小项都是周延的,由规则 2 和规则 1,前提中词项的出现有且只有三次出现是周延的,于是,前提不可能是 I 命题,也不可能是 O 命题(否则前提中最多有词项的两次出现周延)。所以,当结论是 E 命题时,有效式可能的式只有 AEE 式和 EAE 式两种。

当结论是 I 命题时。类似于结论为 A 命题的情况,有效式可能的式只有 AAI 式、AII 式和 IAI 式三种。

当结论是 O 命题时,类似于结论为 E 命题的情况,有效式可能的式只有 AEO 式、AOO 式、EAO 式、EIO 式、OAO 式五种。

接下来从第一格中进行筛选。容易验证,在上述 11 种式中,仅 AAA 式、EAE 式、AAI 式、AII 式、EAO 式和 EIO 式是有效的。同样的道理,可以筛选出其他三个格的所有的有效式。四个格各有 6 个有效式,总共 24 个有效式,如下所式:

第一格:AAA 式、EAE 式、AAI 式* 、AII 式、EAO 式* 、EIO 式

第二格:AEE 式、EAE 式、AEO 式* 、AOO 式、EAO 式* 、EIO 式

第三格:AAI 式* 、AII 式、IAI 式、EAO 式* 、EIO 式、OAO 式

第四格:AEE 式、AAI 式* 、IAI 式、AEO 式* 、EAO 式* 、EIO 式

在这 24 个有效式中使用文恩图法,可看到其中 9 个标上了"*"号的形式,除非有词项非空预设才是有效的。换句话说,其他 15 个形式的有效性并不依赖于词项非空预设。同我们在直接推理那里所看到的类似,我们在三段论这里再次看到,词项非空预设并不是对所有直言推理都是必不可少的。

5.4.3 有效三段论的性质

1. 所有有效三段论都具有的性质

前面给出了分析三段论有效性的两种方法,其中文恩图法在

原理上与推理有效性的规定直接挂钩,而规则法的原理与推理有效性的规定至今仍没有得到澄清。就判断原理的根基而言,规则法或多或少地存在着某些不清楚的地方。虽然如此,在判定三段论的有效性这一问题上。规则法和文恩图法比较起来,在方法上更加直接也更加简便。这一点我们在前面已有所体会。下面要说的是,规则法中的四条规则不但可用于判定三段论的有效性,而且可用于证明有效三段论满足的一些性质。将会看到,后一任务是文恩图法难以完成的。

对于有效的三段论所满足的性质,我们分所有有效的三段论都满足的性质和各个格的有效的三段论满足的性质两种情况来进行阐述。

先来证明所有有效的三段论都满足的性质:

①两个前提不都是特称的。

②如果有一个前提是特称的,那么结论也是特称的。

很显然,第一条性质涉及了三段论前提量的特征。而第二条性质涉及了前提和结论在量特征上的关系。由于没有涉及前提和结论在质方面的特征以及大项、中项和小项的位置,我们很难使用集合论的知识或文恩图去证明这两条性质。规则法在此将进一步显示其威力。

首先证明第一个结论。显然,只需证明:如果三段论的两个前提都是特称的,那么它就是无效的。分三种情况进行讨论。

第一种情况,两个前提都是 I 命题,则前提中词项的四次出现都不周延,于是中项不可能周延,此时三段论不满足规则 1,所以无效。

第二种情况,两个前提都是 0 命题,此时,若结论是肯定命题,则三段论不满足规则 3;若结论是否定命题,则三段论不满足规则 4。总之,三段论要么违反规则 3,要么违反规则 4,所以无效。

第三种情况,两个前提一个是 1 命题,一个是 0 命题,此时,若结论是肯定的,则三段论不满足规则 3;若结论是否定的,则大项在结论中周延,再注意到前提中词项的四次出现只有一次是周延的,所以三段论要么不满足规则 1(当前提中唯一一次周延的机会留给大项时),要么不满足规则 2(当前提中唯一一次周延的机会留给中项时)。总之,在规则 1、规则 3 和规则 4 中,三段论必违反其中之一,所以无效。

综合前面三种情况,现在可以断言,三段论在其两个前提都为特称命题时必定无效。这就证明了有效的三段论必定满足第一条性质。

再来证第二条性质。为此,证明:如果结论是全称的,那么两个前提都是全称的。分两种情况进行讨论。

第一种情况,结论是 A 命题,则由规则 3,两个前提都是肯定的,于是前提中词项的周延出现只能位于主项位置。又由于小项在结论中周延,按规则 2,小项在前提中也必是周延的。另一方面,中项还必须至少周延一次。所以,前提中词项的出现至少有两次是周延的,它们都必须位于两个前提的主项位置。最终,可以断定,两个前提都是全称肯定命题。

第二种情况,结论 E 命题,则由规则 4,两个前提一肯定一否定,于是前提之一的谓项是不周延的。再由规则 2 知,前提中大项和小项的出现都是周延的,加之中项至少还要周延一次,所以,前提中词项的周延出现至少有三次。由于有一个前提的谓项不周延,这三次出现中的两次只能位于前提的主项位置。现在,可以断定,两个前提一个是全称肯定命题,一个是全称否定命题。

综合前面两种情况,可以断定,三段论如果其结论是全称的,那么其前提也都是全称的。这就证明了有效的三段论必定满足

第二条性质。

2. 三段论各个格的性质

(1)第一格有效的三段论满足:

①小前提是肯定的。

②大前提是全称的。

(2)第二格有效的三段论满足:

①有且仅有一个前提是否定的。

②大前提是全称的。

(3)第三格有效的三段论满足:

①小前提是肯定命题。

②结论是特称的。

(4)第四格有效的三段论满足:

①如果前提有一个是否定的,那么大前提是全称的。

②如果大前提是肯定的,那么小前提是全称的。

③如果小前提是肯定的,那么结论是特称的。

④前提不是 O 命题。

⑤结论不是 A 命题。

这些性质的证明相当简单,作为练习留给读者。

3. 有效三段论的性质不是规则

对于上面所证明的各条性质,由于它们为一切有效的三段论所共有,或为某一格的有效三段论所共有。所以这些性质显然可在下述意义用于判定三段论的有效性:对于一切有效三段论所共有的两条性质而言,当某三段论不满足其中任何一条,就可判定该三段论无效:对于各个格的有效三段论所共有的性质而言,当相应格的三段论不满足其中任何一条性质,就可判定该三段论无效。也就是说,这些性质可用于表明某个三段论或特定格中的某个二三段论是无效的。在这一点上,这些性质与三段论的四条规则的判定作用是等同的。

但是,与三段论的四条规则不同,这些性质不可用于判定三段论是有效的。就一切有效三段论所共有的两条性质而言。即使某三段论都满足了这两条性质,也不能由此断定该三段论就一定有效。如,1-IAI 式满足这两条性质,但却是无效式。

同理,上面所列出的各个格的性质也不可用于判定相应格的三段论是有效的。对于某个格而言,即便这种格的三段论都满足上面提到的该格全部的性质,也不可就此判定该三段论有效。如,1-EIE 式就满足第一格的有效三段论所应满足的两条性质,但却是无效式。

从上面的分析可以看出,上面提到的各种性质,在用于判定三段论的有效性方法时,并不具备作为"规则"应有双向判定的要求:一方面,当三段论满足这些规则时,就是有效的,另一方面,当三段论不满足这些规则之一时,就是无效的。所以,上面所提到的各性质,并不是如大多数普通逻辑书上所说的"规则",而仅仅是有效三段论所满足的"性质"而已。

参考文献

[1]熊立文.现代归纳逻辑的发展[M].北京:人民出版社,2004.

[2]李小五.现代逻辑学讲义[M].广州:中山大学出版社,2005.

[3]陈波.逻辑学十五讲[M].北京:北京大学出版社,2008.

[4]邢滔滔.数理逻辑[M].北京:北京大学出版社,2008.

[5]欧文·M·柯匹等著.张建军等译.逻辑学导论[M].第11版.北京:中国人民大学出版社,2007.

［6］帕特里克·赫尔利著.陈波等译.简明逻辑学导论［M］.第 10 版.北京:世界图书出版公司,2010.

［7］蔡曙山.语言、逻辑与认知［M］.北京:清华大学出版社,2008.

［8］邹崇理,蔡曙山.自然语言形式理论研究［M］.北京:人民出版社,2010.

［9］约翰·范本特姆著.刘新文等译.逻辑、语言和认知［M］.北京:科学出版社,2009.

［10］斯坦哈特著.黄华新等译.隐喻的逻辑［M］.杭州:浙江大学出版社.2009.

第6章 谓词逻辑

谓词逻辑，与命题演算一样，也是作为现代逻辑基础的两大演算之一。

6.1 原子命题的内部结构

6.1.1 谓词逻辑的意义

在命题逻辑中，原子命题被当作基本单位，其内部结构不再分析。在实际思维中，有时我们并不涉及原子命题的内部结构，这时，命题逻辑的工具就足够了。但在更多的情况下需要涉及原子命题的内部结构。词项逻辑把原子命题进一步分析为主项、谓项、量项和联项的合式构成，这样，它就能处理命题逻辑所无法处理的许多推理，如三段论。但词项逻辑的处理能力仍然有很大局限。例如：

所有的犯罪或者是故意犯罪，或者是过失犯罪；

有些犯罪不是故意犯罪；

因此，有些犯罪是过失犯罪。

这个非常直观的推理有效性的判定，命题逻辑解决不了，词项逻辑也解决不了。因此，为了更有效地、更不失一般性地处理自然语言所表达的逻辑思维,就需要我们进一步分析原子命题的结构,提出新的逻辑工具。这就是谓词逻辑的任务。

6.1.2　谓词和个体词

在谓词逻辑中,原子命题可以进一步分析为谓词、个体词、量词以及逻辑联结词这样几个基本成分。谓词、个体词和量词是在谓词逻辑中新引入的概念;逻辑联结词已在命题逻辑中引进,只不过在命题逻辑中联结词只出现于复合命题,而在谓词逻辑中联结词可以出现于原子命题的符号表达式当中。

我们先看什么是谓词和个体词。

先分析实例:

①这朵牡丹是红的。

②张先生是李女士的丈夫。

在①中,令 Fx 表示"x 是红的",a 表示"这朵牡丹"。那么 Fa 就表示"这朵牡丹是红的"。其中,F 就是谓词,表示"红"这种性质。x 和 a 就是个体词,表示具有红这种性质的客体。其中,x 称为个体变项,它只表示某一个个体,而不表示一个确定的个体;a 称为个体常项,它表示一个确定的个体——这朵牡丹。

在②中,令符号 Gxy 表示"x 是 y 的丈夫",a 表示"张先生",b 表示"李女士"。这样,Gab 就表示"张先生是李女士的丈夫"。其中,G 是谓词,表示"某人是某人的丈夫"这种关系。x、y 和 a、b 是个体词。同样,x、y 是个体变项,a、b 是个体常项。

刻画一个客体的性质的谓词称为一元谓词;刻画两个客体的关系的谓词称为二元谓词;一般地,刻画 n 个客体的关系的谓词称为 n 元谓词。显然,谓词不能脱离个体词而独立存在。

如果一个谓词符号表示的是一个具体谓词,就称为谓词常项;

如果表示的是某一个不确定的谓词,则称为谓词变项。个体常项和个体变项的区分是类似的,已如上述。约定:以大写字母 F、G、H……表示谓词常项或谓词变项;以小写字母 a、b、c、d.……表示个体常项;以小写字母 x、y、z、u、v、w……表示个体变项。

6.1.3 量词

一个包含个体变项的谓词表达式不是命题。例如,上述 Fx 断定"x 是红的",但由于 x 是个体变项,因而 Fx 没有真假,不是命题。如何使 Fx 这样的表达式具有真假呢? 有两种方法:

第一,用个体常项取代个体变项。例如,令 a 表示"这朵牡丹",那么 Fa 就表示"这朵牡丹是红的",这是命题,有真假。这种方法称为解释,后面将对此进一步讨论。

第二,对个体变项加以量化。例如,对 Fx 我们进一步断定:对所有的 x 来说,Fx 成立;或者断定:至少存在着一个 x,Fx 成立。也就是断定:所有的客体都是红的;或者断定:至少有一个客体是红的。这样的断定就是命题,它们有真假。

在量化的过程中,我们使用了量词。

量词包括全称量词和存在量词。全称量词是断定所有的客体都具有相关谓词刻画的性质或关系,存在量词是断定存在客体(即至少有一个)具有相关谓词刻画的性质或关系。

$\forall$ 表示全称量词,$\exists$ 表示存在量词。

$\forall$xFx 表示"任一 x 都具有性质 F"。

$\exists$xFx 表示"存在 x 具有性质 F"。

$\forall$x$\forall$yGxy 表示"任一 x 和任一 y 具有关系 G"。

$\forall$x$\exists$yGxy 表示"对任一 x,存在 y,x 和 y 有关系 G"。

$\exists$x$\forall$yGxy 表示"存在 x,对任一 y,x 和 y 有关系 G"。

∃x∃yGxy 表示"存在 x 并且存在 y，x 和 y 有关系 G"。

可见，量词直接刻画个体变项的量。这样，个体变项的取值范围就是个重要的问题。同一个带量词的命题，由于个体变项的取值范围不同，可以取不同的真值。例如，令 Fx 表示"x 有思想"，那么，如果 x 的取值范围是人，∀xFx 就是真的，因为"所有的人是有思想的"是真的；但如果 x 的取值范围是动物，∀xFx 就是假的，因为"所有的动物是有思想的"是假的。

个体变项的取值范围称为论域，亦称个体域。如果不作特殊限制，论域就指所有的客体。

∃xFx 和 Fx 的涵义是不同的。∃xFx 是断定存在客体具有性质 F，这是命题。如果至少有一个这样的客体存在，它就是真的；否则它就是假的。而 Fx 包含自由个体变项 x，正如前面指出的，它没有真假，不是命题。

∃xFx 和 Fa 的涵义也是不同的。∃xFx 只是断定存在客体具有性质 F，至于是哪一个客体，没有断定；Fa 则具体断定个体常项 a 所表示的客体具有性质 F。因此，如果∃xFx 真，则 Fa 未必真；而如果 Fa 真，则∃xFx 一定真。

被量词约束了的个体变项称为约束个体变项。不被量词约束的个体变项称为自由个体变项。

例如，在 Fx 和 Gxy 中，x、y 都是自由个体变项；在∀xFx 和∃x∀yGxy 中，x、y 都是约束个体变项；在∀xGxy 中，x 是约束个体变项，y 是自由个体变项。

这样，为了确定个体变项是自由的还是约束的，就必须明确量词约束的范围。

量词约束的范围称为量词的辖域。我们约定紧靠量词的括号内的符号表达式是该量词的辖域，括号外的则不是；如果紧靠量词没有括号，那么，靠近量词的不包含逻辑联结词的表达式是

该量词的辖域,其他的则不是。例如:

①∃xFx∨Gx

②∃x(Fx∨Gx)

在公式①中,Gx 中的 x 不在相关量词的辖域中,因而是自由的;Fx 中的 x 在相关量词的辖域中,因而是约束的。在公式②中,x 都在相关量词的辖域中,因而都是约束的。

上述表达谓词、个体词和量词的符号语言,称为一阶语言。

6.1.4　命题形式及其解释

命题变项、谓词变项和自由个体变项统称变项。

命题常项、谓词常项和个体常项统称常项。逻辑联结词也是一种特殊的常项,称为逻辑常项。约束个体变项不作为常项,也不作为变项。因为它虽然不表示具体的个体,却能用来表示具体的命题。

包含变项的符号表达式称为命题形式。我们约定,命题形式是有限构成的,即有限长的符号串。命题形式的变项中如果只包含命题变项,则称为真值形式。可见,真值形式就是命题逻辑中的命题形式。

试分析以下表达式哪些是命题形式(其中哪些是真值形式),哪些是命题:

①Fx;其中 Fx 表示"x 是花朵"。

②∃x(Fx∧Rx);其中 F 的意义同上,Rx 表示"x 是红的"。

③∃xFx∧Rx;其中 F、R 的意义同上。

④(p∧q)→r;其中 p、q、r 是命题变项。

上面各式中:①式是命题形式,它含有自由个体变项 x。②式是命题,它不包含变项。我们已经约定,约束个体变项不属于变项。②式表示:存在客体是花朵并且是红的。③式是命题形式,它包括自由个体变项 x,因为相关存在量词的辖域只包括 Fx,不包括 Rx。③式表示:存在客体是花朵并且某个客体是红的(这个客体不一定是花朵)。④式是真值形式。

命题形式不是命题,没有真假。命题形式看来脱离了命题,但实际上有了命题形式的抽象,就可以暂时舍开具体内容,独立地从逻辑结构上对命题及其关系进行更有效的分析。当然,命题形式不能完全脱离命题,对命题形式的分析最终总要落实到对有具体内容的命题的分析上来。因此,既要有从命题到命题形式的抽象化,又要有从命题形式到命题的具体化。

从命题形式得到命题的一个基本方法,称作解释。一命题形式的一个解释,就是用一组常项分别取代该命题形式中的所有变项。具体地说,就是用命题常项、谓词常项、个体常项分别取代命题变项、谓词变项、自由个体变项,在真值形式中,有时我们不是用命题常项(具体命题)来取代命题变项,而是给命题变项以确定的真值。这是一种特殊的解释,即真值解释,也称作真值赋值。

命题形式经过解释,就成为命题。

一个命题形式的解释自然不是唯一的,而是无穷的。在不同的解释下,从命题形式得到的命题可以出现不同的真假情况:

一个命题形式,如果在任一解释下都得到一个真命题,则称为普遍有效式。

一个命题形式,如果在至少一种解释下能得到真命题,则称为可满足式。

一个命题形式,如果在任一解释下都不能得到一个真命题,则称为不可满足式。

普遍有效式当然是可满足的,但可满足式不一定是普遍有效式。

普遍有效的真值形式即是重言式。

例如：

①∀xFx→Fx

②Fy→∃xFx

③Fx∨Fy

④Fx∧→Fx

上例各式中,①、②式是普遍有效式;③式是可满足的非普遍有效式;④式是不可满足式。

上例各式的逻辑性质是直观的。但对较复杂的命题形式,难以凭直观作出断定,这就需要新的方法。这正是谓词逻辑所要研究的。

有了谓词和量词的抽象以后,我们就获得了对自然语言及其表达的思维进行逻辑分析和符号刻画的更有力的工具。

6.2　自然语言的谓词表达式

6.2.1　直言命题的表达式

将下列语句符号化:

①所有的人都是要死的。

②有的天鹅是黑的。

③所有的宗教都不是科学。

④有的新闻报道不是真实的。

在①中,令 Px 表示"x 是人",Dx 表示"x 是要死的"。则①式的符号表达式是:

$$\forall x(Px{\to}Dx)$$

它的涵义是,对所有客体 x 而言,如果 x 是人,那么 x 是要死的。注意,这里的涵义仅仅是:对所有客体 x 而言,如果 x 是人,那么 x 是要死的;至于作为人的 x 是否存在,没有得到断定,即也可能存在,也可能不存在。

这样的表达是否反映了自然语言中全称命题的原意呢?确实,自然语言中当我们断定"所有的人都是要死的",除了断定上述符号式所断定的涵义外,事实上还断定"人是存在的"。但这不具有一般性。例如:"所有不受外力作用的物体都保持匀速直线运动。"这个命题仅仅断定:对所有物体而言,如果它不受外力作用,那么它保持匀速直线运动;至于不受外力作用的物体是否存在,没有得到断定。事实上,这样的物体是不存在的。这说明,全称命题的语言形式自身并不包含主项存在的断定;有的全称命题所包含的主项存在的断定,是语境附加的,例如,在词项逻辑中就是这样。但是,为了不失一般性,全称命题的符号表达式不应包含主项存在的形式刻画。

在②式中,令 Gx 表示"x 是天鹅",Bx 表示"x 是黑的"。则②式的表达式是:

$$\exists x(Gx{\land}Bx)$$

它的涵义是:存在客体 x,x 是天鹅并且 x 是黑的。

为什么不能把②式写成 $\exists x(Gx{\to}Bx)$ 呢? $\exists x(Gx{\to}Bx)$ 的涵义是:存在客体 x,如果 x 是天鹅,那么 x 是黑的。同样,作为天鹅的 x 是否存在,这里并没有得到断定。这显然不符合"有的天鹅是黑的"的涵义。"有的天鹅是黑的",也可以读作"有天鹅是黑的",它当然是首先断定天鹅是存在的。

在③式中,令 Lx 表示"x 是宗教",Sx 表示"x 是科学"。则③式的表达式是:

$$\forall x(Lx \rightarrow \rightarrow Sx)$$

它的涵义是：对任一客体 x 而言，如果 x 是宗教，那么 x 不是科学。

在④式中，令 Rx 表示"x 是新闻报道"，Tx 表示"x 是真实的"，则④式的表达式是：

$$\exists x(Rx \land \rightarrow Tx)$$

其涵义是显然的。

6.2.2 重叠量化式

包括量词的表达式称为量化式。一个量化式中出现两个或两个以上的量词，称为重叠量化式。

把下列语句符号化：

①任何安全事故都有其原因。

②任何安全事故都有共同原因。

③一个人，如果有私心，总难免把有些工作弄糟。

④每一个大于或等于 6 的偶数都可以表示为两个素数之和。

在句①中，令 Ax 表示"x 是安全事故"，Cxy 表示"x 是 y 的原因"，则句①的表达式是：

$$\forall x(Ax \rightarrow \exists yGyx)$$

它的涵义是：对任一客体 x，如果 x 是安全事故，那么，必然存在客体 y，y 是 x 的原因。

在句②中，Ax 和 Cxy 的定义同句①，则其表达式是：

$$\exists x\forall y(Ay \rightarrow Cxy)$$

它的涵义是：存在客体 x，对所有客体 y 来说，如果 y 是安全事故，那么，x 是 y 的原因。

在句③中，令 Px 表示"x 是人"，Fx 表示"x 有私心"，wx 表示

"x 是工作",Dxy 表示"x 把 y 弄糟"。则句③的表达式是：

$$\forall x((Px \land Fx) \rightarrow \exists y(Wy \land Dxy))$$

它的涵义是：对所有客体 x 而言，如果 x 是人且 x 是自私的，那么，总存在客体 y,y 是工作并且 x 把 y 弄糟。

在句④中，令 Ex 表示"x 是偶数",Fx 表示"x 是素数",Gxy 表示"x≥y",Rxyz 表示"x＝y＋z",个体常项 a 表示自然数 6。则句④的表达式是：

$$\forall x((Ex \land Gx6) \rightarrow \exists x \exists z(Fy \land Fz \land Rxyz))$$

它的涵义是：对所有客体 x 而言，如果 x 是偶数，并且 x≥6,那么，存在客体 y 和客体 z,满足 y 和 z 都是素数并且 x 可以表示为 y 和 z 之和。

6.2.3　量化式的复合

上面列举的量化式都有一个共同的特点，就是至少有一个量词的辖域是整个表达式。这样的量化式是简单量化式；简单量化式用逻辑联结词联结，就是量化式的复合。

将下列语句符号化：

①没有不散的筵席。

②尽管有人自私，但未必人都自私。

③每个自然数都有自然数比它大，但没有最大的自然数。

在句①中，令 Bx 表示"x 是筵席",Dx 表示"x 是要散的"。则句①的表达式是：

$$\rightarrow \exists x(Bx \land \rightarrow Dx)$$

在句②中，令 Px 表示"x 是人",Fx 表示"x 是自私的"。则句②的表达式是：

$$\exists x(Px \land Fx) \land \rightarrow \forall x(Px \rightarrow Fx)$$

在句③中,令 Nx 表示"x 是自然数",Gxy 表示"x>y"。则句③的表达式是:

$$\forall x(Nx \rightarrow \exists y(Ny \wedge Gyx)) \wedge \rightarrow \exists x(Nx \wedge \forall y(Ny \rightarrow Gxy))$$

6.2.4 量化推理式

量化推理式,是指一个推理的符号表达式中出现量词。

一个推理的逻辑结构是一个蕴涵式,即前提蕴涵结论。推理符号化,就是分别将前提和结论符号化,然后用蕴涵号将它们联结起来。

将下列推理符号化:

①所有的人都是要死的,苏格拉底是人。所以,苏格拉底是要死的。

②所有的自然数或者是奇数或者是偶数,有的自然数不是奇数。因此,有的自然数是偶数。

③某甲赞扬所有不赞扬自己的人。因此,某甲赞扬某些自我赞扬者。

在①中,令 Px 表示"x 是人",Dx 表示"x 是要死的",a 表示"苏格拉底",则①的推理式为:

$$(\forall x(Px \rightarrow Dx) \wedge Pa) \rightarrow Da$$

也可以表示为:

$$\forall x(Px \rightarrow Dx)$$

$$Pa$$

$$\overline{}$$

$$Da$$

在②中,令 Nx 表示"x 是自然数",Ex 表示"x 是偶数",0x 表示"x 是奇数",则②的推理式为:

$$\forall x(Nx \rightarrow (Ox \vee Ex))$$

$$\exists x(Nx \wedge \rightarrow Ox)$$

$$\exists x(Nx \wedge Ex)$$

在③中,令 a 表示"某甲",Px 表示"x 是人",Axy 表示"x 赞扬 y",则③的推理式为:

$$\forall x(Px \wedge \rightarrow Axx) \rightarrow Aax$$

$$\exists x(Px \wedge Axx \wedge Aax)$$

6.3　量化推理

包含量词的推理,称为量化推理。谓词逻辑处理量化推理。

逻辑学研究的核心问题是推理有效性的判定。在命题逻辑中,这个问题是能行地解决了的。对任一命题推理,都可以用一种能行的方法,例如真值表法,在有限步骤内机械地判定它是否有效。在谓词逻辑中,情况又怎样呢? 美国当代逻辑学家丘奇(Church)证明了在一阶逻辑(即量词只约束个体变元而不约束谓词变元的谓词逻辑)中,不存在能行方法判定任一命题形式是否普遍有效。因此,在谓词逻辑中,不存在能行方法可以判定任一推理是否有效。谓词逻辑中的命题形式也有范式。这些范式也能揭示原命题形式的一些逻辑性质,但它不像真值形式的范式那样,具有能行的判定作用。

在谓词逻辑中,"不存在能行方法可以判定任一推理是否有效"并非意味着:在谓词逻辑中,任一量化推理的有效性都不是能行可判定的。推理有效性的判定,是逻辑学的核心问题,也是谓词逻辑的核心问题。

实际情况是,有些量化推理是能行可判定的;有些量化推理是可判定的,虽然不是能行可判定的。

有穷个体域中量化推理的有效性是能行可判定的。

在谓词逻辑中,普遍有效性之所以不能一般地加以能行判定,是因为个体域中个体可以是无穷多个。如果个体域中的个体不是无穷,而是有穷的,那么,谓词逻辑中的普遍有效式都是能行可判定的。在有穷个体域的条件下,谓词逻辑中的命题形式可以等值地转换为命题逻辑中的真值形式,普遍有效式的判定因而可以归约为命题逻辑中重言式的判定问题,这是能行可判定的,因此有穷个体域中量化推理的有效性是能行可判定的。

在有穷个体域的条件下,如何将谓词逻辑中的命题形式等值地转换为命题逻辑中的真值形式呢?

假设个体域为:$\{a_1, a_2, \cdots, a_k\}$,即个体域中有 k 个个体(k>2)。在这一个体域的条件下,基本命题形式 $\forall xF(x)$、$\exists xF(x)$ 和 F(x)可以分别作如下的转换:

① $\forall xF(x)$断定"所有 x 都是 F",在上述个体域中,它等于断定

a_1 是 F,并且 a_2 是 F,$\cdots$,并且 a_k 是 F。因此,

$\forall xF(x) = F(a_1) \land F(a_2) \land \cdots \land F(a_k)$

也就是说,全称式 $\forall xF(x)$等值地转换为一个合取式 $F(a_1) \land F(a_2) \land \cdots \land F(a_k)$,这个合取式的每个合取支中没有个体变项,也没有量词,实际上是一个命题变项,因而整个合取式是一个命题逻辑中的真值形式。

② $\exists xF(x)$断定"至少有一 x 是 F",在上述个体域中,它等于断定

a_1 是 F,或者 a_2 是 F,$\cdots$,或者 a_k 是 F。因此,

$\exists xF(x) = F(a_1) \land F(a_2) \land \cdots \land F(a_k)$

也就是说,存在式 $\exists xF(x)$等值地转换为一个析取式 $F(a_1) \land F$

$(a_2) \wedge \cdots \wedge F(a_k)$，同理，这个析取式是命题逻辑中的一个真值形式。

③F(x)含有自由个体变项 x，由于 x 可以取 $\{a_1, a_2, \cdots, a_k\}$ 中任意一个个体为值，因此在不同的赋值下 F(x)可以转换为 F(a_1)，也可以转换为 F(a_2)，也可以转换为 F(a_k)。（日常思维中的量化推理只涉及命题，不出现含有自由个体变项的公式。）

通过这样的转换，谓词逻辑中的命题形式就可转换为命题逻辑中的一个或一系列真值形式。当然，这样的转换是以有限个体域为条件的。如果个体域中的个体是无限的，则这样的转换就不能成立。例如，在无限个体域的条件下，

$$\exists x F(x) = F(a_1) \wedge F(a_2) \wedge \cdots \wedge F(a_k) \wedge \cdots$$

等式的右边是个有无穷多个合取支的"合取式"，这不是一个合式的真值形式，因为真值形式必须是有限构成的。

第四章中判定直言三段论有效性的五条基本规则，对于判定三段论的有效性，既是充分的，又是必要的。如果确认这一点，那么直言三段论是能行可判定的。任一三段论，如果同时不违反任一规则，则是有效的；如果违反其中的某一条规则，则是无效的。判定任一三段论符合或不符合规则，是能行的。

需要指出的是，从谓词逻辑的角度看，满足上述五条规则对于有效直言三段论的必要性，即如果违反其中的某一条规则，三段论无效，这一点的证明是也已完成的。因为三段论的 256 个式中，依据规则判定为无效式的，都可以通过反例解释的方法加以验证。但是，满足上述五条规则对于有效直言三段论的充分性，即如果同时不违反任一规则，三段论有效，这一点尽管非常直观，但严格的证明并未给出。因此，断定直言三段论能行可判定，需要假设上述规则的充分性。

6.4 二元关系的若干性质

6.4.1 关系的性质:属性的属性

前面已经指出,对象的性质以及对象之间的关系,统称对象的属性。

我们能思考对象,我们同样能思考对象的属性。因此,对象的属性本身,也构成一种对象。

对象的属性作为一种对象,自身自然也就具有属性。这就是属性的属性。

例如,"大"是对象的一种性质。但对象的"大"总是相对于一定的参照对象而言的,换了一种参照对象,"大"的对象就可能是不大的。因此,"大"这种性质具有相对性。"相对性"就是"大"这种性质的性质,即属性的属性。

再如,"大于"是对象间的一种二元关系。对任意对象来说,都不会自身大于自身,即"大于"这种关系具有反自返性。"反自返性"就是"大于"这种关系的性质,即属性的属性。

本节只讨论二元关系的一些性质,它们是自返性、对称性和传递性。

6.4.2 二元关系的若干性质

1. 自返性

就自返性而言,二元关系分为三类:自返的、反自返的和不定自返的。

（1）自返关系

设 R 为一二元关系。如果 $\forall xRxx$（即对任一对象而言,该对象与自身具有关系 R）,则称 R 为自返关系。例如,"相同"关系就是自返关系。

（2）反自返关系

设 R 为一二元关系。如果 $\forall x\rightarrow Rxx$（即对任一对象而言,该对象不与自身具有关系 R）,则称 R 为反自返关系。例如,"大于"关系就是反自返关系。

（3）不定自返关系

设 R 为一二元关系。如果 $\exists xRxx \wedge \exists y\rightarrow Ryy$（即存在对象 x,x 与自身具有关系 R,并且存在对象 y,y 不与自身具有关系 R）,则称 R 为不定自返关系。例如,"自信"就是不定自返关系,因为,有人自信,有人不自信。

2. 对称性

就对称性而言,二元关系分为三类:对称的、反对称的和不定对称的。

（1）对称关系

设 R 为一二元关系。如果 $\forall x\forall y(Rxy\rightarrow Ryx)$（即对任意对象 x 和 y 而言,如果 x 和 y 有关系 R,则 y 和 x 有关系 R）,则称 R 为对称关系。例如,"婚姻"就是一种对称关系。

（2）反对称关系

设 R 为一二元关系。如果 $\forall x\forall y(Rxy\rightarrow\rightarrow Ryx)$（即对任意对象 x 和 y 而言,如果 x 和 y 有关系 R,则 y 和 x 没有关系 R）,则称 R 为反对称关系。例如,"大于"就是反对称关系。

（3）不定对称关系

设 R 为一二元关系。如果 ∀x∀y(Rxy→(→Ryx∧→→Ryx))（即对任意对象 x 和 y 而言，如果 x 和 y 有关系 R，则 y 和 x 可能有关系 R，也可能没有关系 R。"◇"读作"可能"，是一种模态算子），则称 R 为不定对称关系。例如，"尊敬"就是一种不定对称关系。

3. 传递性

就传递性而言，二元关系分为三类：传递的、反传递的和不定传递的。

（1）传递关系

设 R 为一二元关系。如果 ∀x∀y∀z((Rxy∧Ryz)→Rxz)（即对任意对象 x、y、z 而言，如果 x 和 y 有关系 R，y 和 z 有关系 R，则 x 和 z 有关系 R），则称 R 为传递关系。例如，"大于"就是传递关系。

（2）反传递关系

设 R 为一二元关系。如果 ∀x∀y∀z((Rxy∧Ryz)→→Rxz)（即对任意对象 x、y、z 而言，如果 x 和 y 有关系 R，y 和 z 有关系 R，则 x 和 z 没有关系 R），则称 R 为反传递关系。例如，"年长一岁"就是一种反传递关系。

（3）不定传递关系

设 R 为一二元关系。如果 ∀x∀y∀z((Rxy∧Ryz)→(→Rxz∧→→Rxz))（即对任意对象 x、y、z 而言，如果 x 和 y 有关系 R，y 和 z 有关系 R，则 x 和 z 可能有关系 R，也可能没有关系 R），则称 R 为不定传递关系。例如，"尊敬"就是一种不定传递关系。

思考并分析以下两个推理。

推理 1：小张的成绩比小李强

　　　　小李的成绩比小王强。

　　　　因此，小张的成绩比小王强。

推理 2：（一个被判终身监禁并剥夺全部财产的罪犯被告之，除了额上的眼镜，他不拥有任何东西。他构造了如下推理：）

有副眼镜总比没有任何东西强。

没有任何东西比获得自由强。

因此，有副眼镜总比获得自由强。

以上两个推理似具有相同的形式。由于所涉及的关系具有传递性，因此，这一形式有效。但第一个推理的成立是显然的，第二个推理的荒谬同样是显然的。问题出在哪儿呢？

分析：

在推理 2 中，第一个"没有任何东西"的涵义是"一无所有"；第二个"没有任何东西"的涵义是"不存在"。推理 2 混淆了这一点。实际上，推理 1 和推理 2 不具有相同的形式。

令 B(x,y)表示"x 比 y 强"，则粗略地，推理 1 的形式是

B(a,b)

B(b,c)

因此，B(a,c)

而推理 2 的形式是

B(a,b)

→ ∃xB(x,c)

因此，B(a,c)

显然，两个推理的形式不同，并且推理 2 不成立。

参考文献

[1]熊立文. 现代归纳逻辑的发展[M]. 北京:人民出版社,2004.

[2]李小五. 现代逻辑学讲义[M]. 广州:中山大学出版社,2005.

[3]陈波. 逻辑学十五讲[M]. 北京:北京大学出版社,2008.

[4]邢滔滔. 数理逻辑[M]. 北京:北京大学出版社,2008.

[5]欧文·M·柯匹等著. 张建军等译. 逻辑学导论[M]. 第11版. 北京:中国人民大学出版社,2007.

[6]帕特里克·赫尔利著. 陈波等译. 简明逻辑学导论[M]. 第10版. 北京:世界图书出版公司,2010.

[7]雷曼著. 杨武金译. 逻辑的力量[M]. 第3版. 北京:中国人民大学出版社,2010.

[8]蔡曙山. 语言、逻辑与认知[M]. 北京:清华大学出版社,2008.

[9]鞠实儿等. 面向知识表示与推理的自然语言逻辑[M]. 北京:经济科学出版社,2009.

[10]邹崇理,蔡曙山. 自然语言形式理论研究[M]. 北京:人民出版社,2010.

[11]陈慕泽,余俊伟. 数理逻辑基础[M]. 北京:中国人民大学出版社,2003.

[12]约翰·范本特姆著. 刘新文等译. 逻辑、语言和认知[M]. 北京:科学出版社,2009.

[13]斯坦哈特著. 黄华新等译. 隐喻的逻辑[M]. 杭州:浙江大学出版社.2009.

第7章 模态逻辑

模态逻辑是研究由模态词构成的命题及其推理的逻辑学科。模态逻辑属于应用逻辑,是非经典逻辑的一个分支。广义的模态逻辑包含应该、允许、禁止等道义模态逻辑,而狭义的模态逻辑仅仅是对于"必然""可能"的命题及推理进行科学的分析。今天,越来越多人关注了模态逻辑,它已经成为人文、科学社会界进行研究时必要的逻辑工具。

考虑到实际使用目的的需要,本章主要介绍模态命题逻辑及其语义学,带量词等基础知识。

7.1 模态逻辑的概念

7.1.1 模态与模态方阵

1. 模态

"模态"(modal),源于拉丁语的 modalis,它是自然语言表达中的修饰词,是指事物或认识的必然性和可能性等这类性质。研究这一类命题组成的推理,在人们思维中形成了一定的模态逻辑。

从语言表达方面来说,模态或模态概念往往通过一定的语词或符号(即模态词)加以表达,例如英语中的"necessity""possibility",汉语中的"必然""可能",人工语言中的"□""◇"等等都是模态词。这些概念就是所谓模态。

亚里士多德假定:所有这些情态词都可以归结为副词必然和可能,并由此而设想了它关于模态的逻辑。①

2. 亚里士多德模态方阵

亚里士多德对模态作过一些很精辟的分析,在模态命题的关系方面曾经仿照三段论中的对当方阵,提出了关于模态命题的对当方阵。图 7-1 是亚里士多德的模态对当方阵。

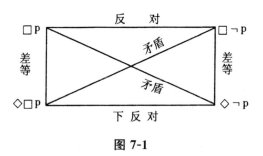

图 7-1

(上图中的□、◇符号分别表示模态态词"必然"与"可能")

根据该图,模态命题之间的关系可得以下推理式:

$$□p → ◇p$$

$$¬◇¬p → ¬□¬p$$

$$¬◇p → ¬□¬p$$

$$¬◇p ↔ ¬□¬p$$

$$□p ↔ ¬◇¬p$$

$$\Diamond p \leftrightarrow \neg \square \neg p$$

这些推理式在现代模态逻辑中是仍然成立的,尤其是后两个公式表明了必然模态和可能模态之间的互为定义关系,这正是模态逻辑赖以建立的基本公式。

7.1.2　模态逻辑产生

1. 实质蕴涵及其特征

（1）实质蕴涵

实质蕴涵是指对蕴涵的语义解释不要求前件 p 和后件 q 之间具有意义上的联系。实质蕴涵是经典命题逻辑真值表所定义的那个充分条件的蕴涵式。在这种蕴涵式中:p→q 仅仅定义为当前件真,后件假的时候,该蕴涵式就是假的。这样一个定义的结果,就在经典命题逻辑中出现了以下几个定理:

①¬p→(p→q)

可演算为:

$$p \vee (p \to q) WB \equiv p \vee \neg p \vee q$$
$$\equiv \neg(p \vee \neg p) \to q$$
$$\equiv (\neg p \wedge q) \to q$$

这就是著名的假命题蕴涵任何命题的定理。

②p→(q→p)

可演算为:

$$p \to (q \to p) \equiv \neg p \vee \neg q \vee p$$
$$\equiv \neg p \vee p \vee \neg q$$
$$\equiv q \to (\neg p \vee p)$$

这就是著名的真命题被任何命题所蕴涵的定理。

③$(p{\rightarrow}q) \lor (q{\rightarrow}p)$

任意两个命题，或者是前者蕴涵后者，或者是后者蕴涵前者。

④$(((p \land q){\rightarrow}r){\rightarrow}((p{\rightarrow}r) \lor (q{\rightarrow}r)))$

一个合取命题作前件，另一个命题作后件，则从这个蕴涵命题可以推出，每个合取支有可能蕴涵着那个作为后件的命题。

（2）实质蕴涵的特征

经典命题逻辑 CL 中的实质蕴涵可以概括出以下几个特征：

①保真性。

②推出过多，太强。

③内容不相关，脱离蕴涵原意。

④适用于一切命题，不要求内容的联系。

由此，关于实质蕴涵的这个讨论，就产生了一些新的蕴涵解释，并引入了新的蕴涵概念，其中一个重要的蕴涵概念是严格蕴涵概念。

2. 严格蕴涵

1912 年，路易斯在《蕴涵和逻辑代数》一文中就指出，实质蕴涵的说法和我们的语言直觉相距太远。逻辑学家路易斯针对可能出现的实质蕴涵怪论，提出了用严格蕴涵来代替实质蕴涵的设想，并给出了严格蕴涵的定义。其对严格蕴涵定义如下：

$$p{\prec}q = df \sim(p{\rightarrow}q) = 不可能（p 真并且 q 假）$$

定义中，鱼钩符号代表了严格蕴涵的逻辑联结词，同时又使用了否定符号和表达模态不可能的符号。该定义中的"$\sim$"表示的是不可能；该定义中的"$\rightarrow$"，表示的是否定的含义，否定的命题是 q；而两个命题的横向并列则表示的是命题的合取。由此，上述定义的自然语言解释可以描述为：

命题 p 严格蕴涵 q 的含义是：不可能 p 真并且 q 假。

　　这个定义引入了表示模态的词项：不可能，因此，现代模态逻辑的发展是与蕴涵这一概念的研究是相辅相成的。

7.1.3　模态逻辑的发展

　　狭义的模态逻辑是关于含有"必然""可能"的命题及其推理的科学，通常所说的模态就是在这个意义上使用。路易斯创建模态逻辑之后，模态逻辑可以说在三个方向上获得了发展，分别是语形方向、代数方向和语义学方向。

1. 语形方向

　　路易斯的《符号逻辑概论》是模态逻辑诞生的标志。其次，冯·赖特把模态逻辑看做是一个存在模式的逻辑。模态逻辑的语形传统包含有两个子传统：一个子传统是试图用相干逻辑和衍推逻辑来取代有问题的经典逻辑；另一个子传统是在证明论方向上的努力，至今虽没有什么效果，但逻辑学家在这方面的努力一直都没有停止过。

2. 代数方向

　　模态逻辑语形时代对模态的代数研究主要表现在：对命题真值函项的理解，传统的真值四函项的说法，等同、否定、重言式和矛盾式，等等。卢卡西维奇在 1918 年就给出了三值的说法，在真假之外给出了近似于可能性的第三值，这是所谓多值逻辑的开端。这些概念的引入对模态逻辑经典时代的许多进展都有着密切的关系。

3. 语义学方向

卡尔纳普对模态逻辑其后的发展作出的重大贡献,他把语义学观念引进模态逻辑。卡尔纳普状态描述观念,把一个公式的有效作了很好的设想,一个公式在 C 中是有效的,如果这个公式在 C 中每一个状态描述中都成立。卡尔纳普的这个构想已经非常接近于可能世界语义学的基本观念①。

1957 年普莱尔依据时间时态概念来解释模态,他是对模态的模型论考虑的另一个重要人物。在普莱尔那里,一个特指的时间集合 w 代表时间点的集合,时间成了判定公式成立的相关条件,必然和可能算子可以依据时间条件来获得定义。

克里普克等人构想的可能世界语义学被看做是模态逻辑发展史上的一次革命,这个研究纲领把模态逻辑的语义学对框架、模型、满足、有效性等概念全部置于语义学的范畴内,由此为模态逻辑学带来了全新的研究领域。

7.1.4 模态逻辑的名称

1. 必然、全等、单调和正则规则

在模态逻辑中,不同的模态系统之所以不同,是因为每一个类别有其特有的推理规则。通常,人们会探求一些条件,从而产生更多而且更强的模态逻辑。这就是:不仅要求有必然规则,还

---

① 卡尔纳普非常清楚地表达了莱布尼茨关于必然的一个设想:必然真就是在所有的可能世界中都成立的公式。状态描述导致了我们今天的语义学的基本概念,这些概念包括:卡尔纳普模型,赋值,以及相关的一些概念。

要求有全等规则,以及单调规则、正则规则等。

上述四个规则可以用以下公式表示:

全等规则:若 p↔q,则有□p↔□q。

单调规则:若 p↔q,则有□p→□q。

正则规则:若 p∧q→c,则有□p∧□q→□c。

必然规则:由断定 p,可得断定□p。

由此可以给出模态逻辑的几个大类别。

2. 模态逻辑的几个类别

模态逻辑类别 { 全等系统模态逻辑
单调系统模态逻辑
正规系统模态逻辑
拟全等模态逻辑
……

7.2　模态命题逻辑及其语形学

7.2.1　模态命题逻辑

以命题为最小单位构成的逻辑系统,这样的逻辑称之为命题逻辑。而模态命题逻辑是以命题为最小单位的模态形式系统。模态对象不仅仅以模态命题为限,还要进一步分析其可能包含的量词谓词等因素,这样的模态逻辑就是带量词的模态逻辑或者模态谓词逻辑。

1. 模态命题逻辑的语言

（1）ML 语言要素

模态命题逻辑（ML），ML 的语言是由模态算子、命题联结词、命题变元三类语言要素和模态公式的形成规则共同构成。由此可见，ML 的语言是经典命题逻辑 CL 语言的扩展。

①模态运算子：□，◇。

②命题联结词：CL 语言的命题联结词都是 ML 语言的命题联结词，它们分别是一元联结词 ¬ 和二元联结词 ∧，∨，→ 和 ↔。

③命题变元：p，q，r，…，它们代表不可分解的命题。

这些命题联结词和模态运算子，依据方便，可以互为定义。

（2）模态命题公式的形成规则

①如果 p 是公式，则 □p，◇p 也是公式。

②如果 p 是公式，则 ¬p 是公式；

③如果 p，q 是公式，并且设 · 为二元联结词，则 p·q 也是公式。

由 ML 的公式形成规则可知，哪些公式是属于 ML 的。按照上述规则而形成的公式，称作模态命题逻辑的合式公式。

比如：若 □p 是公式，◇q 也是公式，则根据规则可断定，□p ∨ ◇q 也是 ML 的合式公式。

由 ML 的公式形成规则也可断定，一个字母符号串，比如：

$$(\Box p \lor \Diamond q) \rightarrow \Diamond (p \land q)$$

2. 模态命题逻辑的推理规则

①CL 中的分离规则 MP。

②严格等值置换规则 SEQ。

③必然规则：若断定公式 p，可断定 □p。

前两个规则在 CL 已经具有,仅在推理规则中加上必然规则,就成为一个模态的逻辑系统了。

3. 模态命题逻辑公理

①CL 中的所有公理。

②依据不同的给定公理,形成不同的模态命题逻辑。

7.2.2　模态逻辑的基础:正规模态逻辑

1. 正规模态逻辑的基本概念

一个正规模态逻辑 Λ 是一个公式的集合,该公式集合含有经典命题逻辑的所有重言式,含有两个带模态词的公式,一个是 □(p→q)→(□p→□q),另一个是 ◇p↔¬□¬p;并且它在分离规则、严格等值置换规则和必然规则下封闭。

因此,用一个更通俗的办法来理解正规模态逻辑,可以说一个带有 K 公式的模态系统,就是一个正规模态逻辑。在这类逻辑中,K 系统是其中最小的。

2. K 系统

(1)ML 形式语言

①经典命题逻辑 CL 语言＋◇＝ML 语言。

②初始符号:¬, ∧ ,◇

③依据初始符号定义的符号: ∨ , → , ↔ , T , ⊢;(与经典命题逻辑同)

　　□＝df ¬◇¬p

（2）公理

①经典命题逻辑 CL 的公理。

②K 公理：$\Box(p\to q)\to(\Box p\to\Box q)$。

（3）推理规则

①分离规则。

②一致性替换规则。

③必然规则：断定公式 p，可断定$\Box p$。

3. K 演算实例

（1）演算实例 1

$\vdash_k p\to q$ 蕴涵着 $\vdash_k \Box p\to\Box q$

① $\vdash_k p\to q$（已知）

② $\vdash_k \Box(p\to q)$（N 必然规则）

③ $\vdash_k \Box(p\to q)\to(\Box p\to\Box q)$（K 公理）

④ $\vdash_k \Box p\to\Box q$（2,3MP）

（2）演算实例 2

对任意公式 P 和 Q，

$\vdash_k \Box(p\wedge q)\leftrightarrow(\Box p\wedge\Box q)$

① $\vdash_k (p\wedge q)\to p$（CL 公理）

② $\vdash_k \Box((p\wedge q)\to p)$（N 必然规则）

③ $\vdash_k \Box((p\wedge q)\to p)\to(\Box(p\wedge q)\to\Box p)$（K 公理）

④ $\vdash_k \Box(p\wedge q)\to\Box p$（2,3 分离规则）

同理：

⑤ $\vdash_k (p\wedge q)\to q$（CL 公理）

⑥ $\vdash_k \Box(p\wedge q)\to\Box q$（2,3 分离规则）

⑦ $\vdash_k \Box(p\wedge q)\to(\Box p\wedge\Box q)$（4,6 根据 CL 重言式）

右向导出完成。

⑧ ⊢$_k$p→(q→p∧q)(CL 公理)

⑨ ⊢$_k$□p→□(q→p∧q)(1～4,由 8 导出 9)

⑩ ⊢$_k$(□(q→p∧q)→□q→□(p∧q))(K 公理)

⑪ ⊢$_k$□p→(□q→□(p∧q))(CL 公理)

⑫ ⊢$_k$(□p∧□q)→□(p∧q)(CL 重言式)

左向导出完成,此定理成立。

⑬ ⊢$_k$□(p∧q)↔(□p∧□q)(7,12 合成)

这个定理的导出可以引申到一个更一般的定理:

$$⊢_k□(p_1∧p_2\cdots p_n)↔(□p_1∧□p_2\cdots□p_n)$$

4. 扩展的正规模态逻辑

给 K 系统增加公理可以生成无数的正规模态逻辑,其中最为基本的正规溪态逻辑是 T、K4、S4、S5、Grz、D、GL 和 S 等正规系统,这些系统的定义如下:

(1)逻辑 T

在 ML 语言中的逻辑 T 在语形上被演算 T 所决定,T 是对演算 K 再增加一个模态公理。

re＝□p→p 而获得的。

这可以表述为以下公式:T＝K ⊕□p→p。

(2)逻辑 K4

在 ML 语言中的逻辑 K4 在语形上被演算 K4 所决定,K4 是对演算 K 再增加一个模态传递公理 tra＝□p→□□p 而获得的。

这可以表述为以下公式:K4＝K ⊕□p→□□p

(3)逻辑 S4

在 ML 语言中的逻辑 S4 在语形上被演算 S4 所决定,S4 是对演算 K 再增加两个模态公理 re＝□p→p,tra＝□p→□□p 而获得的。

这可以表述为以下公式：S4＝K $\oplus \Box p \to p \oplus \Box p \to \Box \Box p$

（4）逻辑 S5

在 ML 语言中的逻辑 S5 在语形上被演算 S5 所决定，S5 是对演算 S4 再增加对称性公理 sym＝$p \to \Box \Diamond p$ 而获得的。

这可以表述为以下公式：S5＝S4 $\oplus$ $p \to \Box \Diamond p$

（5）逻辑 Grz

在 ML 语言中的逻辑 Grz 在语形上被演算 Grz 所决定，Grz 是对演算 K（或者 K4，或者 S4）再增加模态公理 grz 而获得的。

这可以表述为以下公式：

$$Grz＝K \oplus grz＝K4 \oplus grz＝S4 \oplus grz$$

（6）逻辑 D：最小道义逻辑

在 ML 语言中的逻辑 D 在语形上被演算 D 所决定，D 是对演算 K 再增加一个模态持续性公理 ser＝$\Box p \to \Diamond p$ 而获得的。

这可以表述为：D＝K $\oplus \Box p \to \Diamond p$。

D 位于 K 和 T 之间：K$\subset$D$\subset$T。

D 的不同变体：

对应该概念的进一步深化理解可以导致更强的道义逻辑，例如，如果我们讨论在命令语态中的语句所表达的应该，或者讨论在道德意义上的应该，这可以形成道义逻辑 D4 或者道义逻辑 D5。

1）D4。给 D 加上传递性公理＝D4；它也可以称为道义 S4。

2）D5。给 D 加上对称性公理＝D5；它也可以称为道义 S5。

（7）时态必然性逻辑：逻辑 S4.3

在 ML 语言中的逻辑 S4.3 在语形上被演算 S4.3 所决定，S4.3 是对演算 S4 再增加一个模态强联结公理 sc＝$\Box(\Box p \to q) \vee \Box(\Box q \to p)$ 而获得的。

这可以表述为以下公式：S4.3＝K⊕sc。

（8）逻辑 GL：可证性逻辑

逻辑 GL 即哥德尔逻辑，必然算子考虑为在皮亚诺算术意义上的可证，这个逻辑是用所谓哥德尔数来描述。由此而获得的是一个 lob 定理，它也称作为 La 公理。给逻辑 K4 增加这个 La 公理，就构成了可证性逻辑 GL：

$$GL＝K4⊕La$$

（9）逻辑 S：可证性逻辑 GL 的扩张

逻辑 S 从语形上可以通过给 GL 增加自返性公理获得。然后取仅在规则 MP 和规则 Subst 下封闭，也就是不运用 RN 规则给公理 re。

这被写为：S＝GL＋re＝K4⊕la＋re。

7.2.3　正规模态逻辑系统之间的关系

1. 若干正规模态逻辑名称和特征公理

正规模态命题逻辑的种类较多，本文取其部分系统予以描述，以下表格简要地勾勒了部分正规模态命题逻辑的命名，命名起因和表示其系统特征的公理。它们分别是：K，D，T，B，K4，S4，S5，现列于表 7-1。

表 7-1　若干正规模态逻辑名称和特征公理

逻辑名称	名称由来	特征公理
K	克里普克第一个字母	$□(p→q)→(□p→□q)$
D	道义逻辑第一个字母	$ser＝□p→◇p$
T	非斯发明的一个名字	$re＝□p→p$

逻辑名称	名称由来	特征公理
B	直觉主义创始人布劳维尔首字母	re＝□p→p,sym＝p→□◇p
K4	取名原意不明	tra＝□p→□□p
S4	K4＋T 的产物,等价于路易斯 S4	re＝□p→p, tra＝□p→□□p
S5	有关必然性的等价关系逻辑,等价于路易斯 S5	re＝□p→p,tra＝□p→□□p, sym＝p→□◇p

其中:re＝自反性公理;tra＝传递性公理;sym＝对称性公理;ser＝持续性公理。自反、传递、对称和持续这些关系的性质。

2. 各逻辑系统之间的关系

上述逻辑系统具有如图 7-2 所示的关系,其中的箭头,例如,K→D,表示 K 的定理都是 D 的定理,或者 K 是 D 的子系统,或者 D 是 K 的扩张。

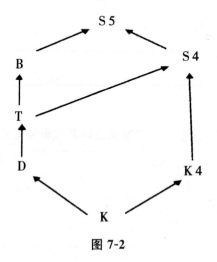

图 7-2

对正规模态命题逻辑不同系统之间的关系的理解,涉及每一个特征公理所代表的某种关系,这就把我们带到了模态命题逻辑的语义学,即可能世界语义学。

7.3　模态逻辑的语义学

7.3.1　可能世界语义学

1. 经典语义学

克里普克的可能世界语义学为模态逻辑提供了一个优雅的数学处理手段,这一语义学也就成为现代模态逻辑的标准语义学,或者说是经典的语义学。

2. 可能世界

可能世界概念可以用投掷骰子后,每一个数字作为正面出现的可能性作为阐述。从这个意义上说明,每一个可能性都可看做是一个可能世界,6 种可能性都是存在的,而且一旦落地以后朝上的一面显示的数字这样一种可能就成了现实世界。

可能世界恰恰就是我们在学校所学的那个概率的微型世界的扩充——可能世界完全是可能会采取的各种方式,或者是整个世界的状态或者历史。①

---

① 　胡泽洪,周祯祥,王健平.逻辑学[M].广州:广东教育出版社,2011.

7.3.2　框架和可通达关系

1. 框架

一个框架是由一个非空集合 W 和一个二元关系 R 所构成的有序对⟨W,R⟩。其中,W 一般可看做是可能世界的成员构成的集合,R 可看做是不同可能世界间的可通达关系。

W 的元素可以理解为各种不同的对象,例如,可能世界、点、时间、状态、情景、节等,依这个概念放在什么场景中来讨论。

2. 可通达关系

设 w_1,w_2,是可能世界集合 W 中的成员,如果 w_1,w_2 处在上述的关系 R 之中,我们就说,w_1,w_2 之间具有可通达关系。这可以表示为 $w_1 R w_2$。读作:从 w_1 可通达到 w_2;或者读作:w_2 对于 w_1 而言是可选的;或者读作:从 w_1 可以看到 w_2;或者读作:w_1 是 w_2 的前驱,w_2 是 w_1 的后继等。

可通达关系实际上表现为二元关系,我们在一般意义上理解可通达关系,需要对二元关系的几个常见类型加以说明。

3. 框架的关系性质

在一个框架中,可能世界之间的二元关系可以用集合论的关系概念来加以说明,以下列出几个最基本的二元关系,这些二元关系所表达的性质,也可以看做是一个框架所具有的性质。

若⟨W,R⟩为任意框架,W 为可能世界集合,R 为 W 上二元关系,x,y,z 为 W 中任意成员,则有以下关系性质的定义来表明框架的类型:

①自反性关系:任意 x∈W,都有〈x,x〉∈R。

②对称性关系:任意 x,y∈W,如果〈x,y〉∈R,则有〈x,y〉∈R。

③持续性关系:对任意 x∈W,存在某个 y∈W 使得 xRy。

④传递性关系:任意 x,y,z∈W,如果〈x,y〉∈R,并且〈y,z〉∈R,则有〈x,z〉∈R。

此外还有欧性关系、连通性关系,以及反自反、反对称等等二元关系。在模态逻辑中,框架所具有的关系性质,是模态逻辑公式成立与否的相关条件。

框架有效的概念,就和框架的关系性质直接相关。在给出了模态模型的概念之后,我们将给出框架有效和模型有效的概念,从而用来刻画某些重要的模态逻辑。

7.3.3 模型和模型真

1. 模型和反模型

一个模态命题逻辑的模型是一个三元组〈W,R,V〉,其中,〈W,R〉是一个框架,V 是对框架的一个赋值,或者说是可能世界之间和命题公式之间的一种关系。

这就是说:一个模态命题逻辑的模型是借助于一个框架形成的,在该框架中,我们使用了一个赋值概念 V,这个赋值概念把一个命题字母取真值置于某个可能世界的范围之中。这可以表示为:M,x⊨p。

其中,M 是模型,x 是可能世界 W 中的任意一个可能世界,p 是一个命题字母,⊨ 即是赋值符号。M,x⊨p 可读作:p 在模型 M 中的可能世界 x 上为真,或者 p 在模型 M 中的可能世界 x 上成立。

由对赋值的这种理解,一个模型 M 的另一种表达形式就可以是:〈W,R,⊨〉。

如果一个命题字母 p 在模型 M 中的 x 点上不真或者不成立,我们就称 p 在模型 M 中的可能世界 x 上是假的,并可以表示为:M,x⊨/p。M 就称作是公式 p 的反模型。

2. 模型真

设〈W,R,⊨〉为一个模型,符号 ⊨ 模型真所表达的关系,在一个模态命题逻辑中,可以扩展到以下任意公式。

对于任意 x∈W,

①M,x⊨¬p 当且仅当 M,x⊨/p。

②M,x⊨Ψ∧χ 当且仅当 M,x⊨Ψ 并且 M,x⊨χ。

③M,x⊨Ψ∨χ 当且仅当 M,x⊨Ψ 或者 M,x⊨χ。

④M,x⊨Ψ→χ 当且仅当 M,x⊨Ψ 蕴涵 M,x⊨χ。

⑤M,x⊨Ψ↔χ 当且仅当 M,x⊨Ψ 蕴涵 M,x⊨χ,并且 M,x⊨χ 蕴涵 M,x⊨Ψ。

⑥M,x⊨□Ψ 当且仅当 M,y⊨Ψ 对所有 y∈W,都有 xRy;

⑦M,x⊨◇Ψ 当且仅当 M,y⊨Ψ 对有些 y∈W,都有 xRy。

很显然。前面 5 个模型真的定义属于 CL,后面 2 个属于模态的模型真。

7.3.4 模型真图表表示法

1. 表示法一

(1)图表

如图 7-3 所示,一个三可能世界成员的模型 M 图:

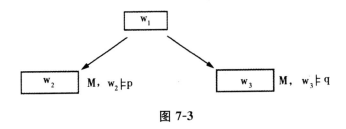

图 7-3

（2）图表说明

①M 中的可能世界成员是带方框的 w_1, w_2, w_3。

②图中箭头表示,从 w_1 可通达到 w_2, w_3,也就是 $w_1 R w_2$,且 $w_1 R w_3$;很明显 w_2 和 w_3 之间没有可通达关系。

③w_2 和 w_3 旁边的符号表明:命题符号 p 在模型 M 中的 w_2 上是真的;命题符号 q 在模型 M 中的 w_3 上是真的。

（3）几个结论

由这个图表,根据前述模型真的定义可知:

①因为,$M, w_2 \vDash p$,所以有 $M, w_2 \vDash p \lor q$。

②因为,$M, w_3 \vDash q$,所以有 $M, w_3 \vDash p \lor q$。

③因为从 w_1 可通达的所有可能世界都有 $p \lor q$ 为真,所以有 $M, w_1 \vDash \square(p \lor q)$。

2. 表示法二

（1）图表

也是一个三可能世界的模型图,利用图 7-4 可证明:

$M, w_1 \vDash / \square p \rightarrow \square \square p$

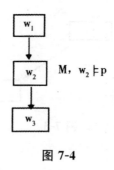

图 7-4

（2）说明

①M 中的可能世界成员是带方框的 w_1, w_2, w_3。

②图中箭头表示：从 w_1 可通达到 w_2，也就是 w_1Rw_2；从 w_2 可通达到 w_3，也就是 w_2Rw_3；w_1 和 w_3 之间假定没有可通达关系 R；

③w_2 旁边的符号表明：命题符号 p 在模型 M 中的 w_2 上是真的。

7.3.5　有效和逻辑后承

1. 有效

（1）模型有效

如果一公式 X 在模型 M＝〈W,R,⊨〉中 W 的每一个可能世界中都真，则这个公式 X 称作模型有效。

（2）框架有效

如果一公式 X 在每一个基于某个框架〈W,R〉的模型 M＝〈W,R,⊨〉中有效，则这个公式 X 称作框架有效。

（3）框架类有效

如果 L 是一个框架类，若公式 X 在 L 中的每一个框架中是有效的,则称 X 为框架类 L 有效。

　　根据我们前面提到的框架关系性质,一个公式的框架有效,也可以用其关系性质所确定的框架类条件来判定。由此,我们提及的几个重要的正规模态逻辑,其公式的框架类有效,就可以说成是:

　　逻辑 K,不需要框架条件来判定公式是否有效。

　　逻辑 D,其公式在持续性框架条件下有效。

　　逻辑 T,其公式在自反性框架条件下有效。

　　逻辑 B,其公式在自反性和对称性框架条件下有效。

　　逻辑 K4,其公式在传递性框架条件下有效。

　　逻辑 S4,其公式在自反性和传递性框架条件下有效。

　　逻辑 S5,其公式在自反性对称性和传递性框架条件下有效。

2. 逻辑后承

　　在经典逻辑 CL 中,一个公式是从什么地方得到的概念是一个基本概念。比如说,一个公式是从一个公式集合 S 得到的,这实际上是假定了:当 S 为真的时候,X 就必定是真的。

　　这时候,我们就说 X 是 S 的逻辑后承,它可以表示为:S⊢X。

　　在模态逻辑的范围内,逻辑后承的概念就显得复杂多了。因为一个模态的模型含有众多的可能世界。如果 X 在每一个可能世界中都真,在这些可能世界中 S 的成员也真,我们是取 X 作为 S 的后承呢,还是取 X 的意义,说 X 在每一个模型中有效,如同 S 的成员也在这些模型中有效呢?这两种选择不是等价的,这导致我们在框架类基础上给后承概念以特殊的定义。

　　(1)逻辑后承的含义

　　设 L 为框架类中的一个类,设 S 和 U 为公式集合,再设 X 为一单个公式。我们把 X 看做是在 L 中的 S 和 U 的后承,其中,S

称作全域假设,U 称作局域假设。这可以写为:$S \vdash_L U \to x$,这个表达式假定了:对于在类 L 中的每一框架$\langle W,R \rangle$,对于基于这一框架的每一个模型$\langle W,R,\vDash \rangle$,在该模型中 S 的所有成员都是有效的,对于每一个可能世界$w \in W$,在这个世界中,所有 U 的成员都是真的。

由此我们有 $w \vDash X$。

我们用实例来说明这个框架类下的后承定义。

(2)逻辑后承实例 1

1)已知条件:

设 L 为所有的框架类都有效的模态逻辑 K,S 为空集,即没有全域假设,又设 U 为仅含一个公式$\Box p \to p$的局域假设,再设 X 为$\Box\Box p \to \Box p$。

以下模型图表明,在 K 逻辑中,$(\Box p \to p) \to (\Box\Box p \to \Box p)$这个公式是不成立的。

2)图表。

模型图表如图 7-5 所示:

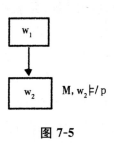

图 7-5

3)说明。

①由 $M,w_2 \vDash / p$ 并且 $w_1 R w_2$;可得:$w_1 \vDash / \Box p$。

②由:$w_1 \vDash / \Box p$,又可得 $w_1 \vDash \Box p \to p$;这表明,作为 U 的唯一成员的公式集合$\{\Box p \to p\}$在 w_1 中是真的。

③因为在该模型中对于 w_2 没有可通达的世界,p 在 w_2 中又不成立,依据模型真有关定义可知:$M, w_2 \vDash \Box p$。

④由 $M, w_2 \vDash \Box p$,再由 $w_1 R w_2$,可得:$M, w_1 \vDash \Box\Box p$;

⑤由 $w_1 \vDash / \Box p, M, w_1 \vDash \Box\Box p$,可得:$M, w_1 \vDash / \Box\Box p \rightarrow \Box p$。

⑥由此,我们就在模态 K 逻辑中获得了一个不同于经典逻辑 CL 的反例,也就是在 K 逻辑中,$\Phi \vdash K \{(\Box p \rightarrow p)\} \rightarrow (\Box\Box p \rightarrow \Box p)$ 这个公式是不成立的。也就是 $(\Box p \rightarrow p) \rightarrow (\Box\Box p \rightarrow \Box p)$ 这个公式在 K 中是不成立的。

但是,当我们在全域假设和局域假设之间的操作行为上有所区别的时候,这个公式也是可以成立的。

3. 逻辑后承实例

(1)已知条件

设 $\langle W, R, \vDash \rangle$ 是模态逻辑 K 的模型,在该模型中,$\Box p \rightarrow p$ 有效;又设 w_m 为 W 中的任意成员,在该点上,所有局域假设成立,即没有局域假设:在该模型中,还有 $w_m R w_n$;其中的 w_m 和 w_n 是可能世界 W 中的任意两个成员,

以下分析表明,在 K 逻辑中的上述假设条件下,

$\{\Box p \rightarrow p\} \vdash_K \Phi \rightarrow (\Box\Box p \rightarrow \Box p)$ 可以成立,也就是

$(\Box p \rightarrow p) \rightarrow (\Box\Box p \rightarrow \Box p)$ 这个公式是成立的。

(2)说明

①假定 $M, w_m \vDash \Box\Box p$,由 $w_m R w_n$;可得:$M, w_n \vDash \Box p$。

②因为 $\Box p \rightarrow p$ 在 M 中有效,可得:$M, w_n \vDash \Box p \rightarrow p$。

③由此得:$M, w_n \vDash p$。

④由此得:$M, w_m \vDash \Box p$。

⑤由假定 $M,w_m \vDash \square\square p$，得到 $M,w_m \vDash \square p$，

所以，$M,w_m \vDash \square\square p \rightarrow \square p$

7.3.6 局域演绎定理和全域演绎定理

经典逻辑 CL 的后承概念，其最有用的特征是遵循演绎定理，因此常被用来作为对蕴涵式的简化证明。但是在模态逻辑中，逻辑后承的概念不能简单地沿袭 CL 的后承概念。模态逻辑关于演绎定理，依据上述全域假设和局域假设的描述，就出现两个版本的演绎定理，它依赖于我们给定的前提是作为局域的假定还是全域的假定，由此而有局域的演绎定理和全域的演绎定理。

1. 局域演绎定理

$S \vdash_L U \cup \{Y\} \rightarrow X$，当且仅当 $S \vdash_L U \rightarrow (Y \rightarrow X)$。

局域演绎定理本质上相同于 CL 的版本，在某种意义上，局域演绎定理是全域演绎定理的特殊形式。就模态逻辑而言，全域演绎定理才是模态后承复杂性的根本所在。

2. 全域演绎定理

$SUt\{Y\} \vdash_L U \rightarrow X$，当且仅当 $S \vdash_L U \cup \{Y, \square Y, \square\square Y, \square\square\square Y, \cdots\} \rightarrow X$。

在对模态逻辑的讨论中，人们常常要为某个模态逻辑给出特殊的假设。在这些假设中，是局域的还是全域的假设是基本的假设，因此，关于模态演绎的定义常因基本假定的不同而有不同的意义。

7.4　带量词的模态逻辑

7.4.1　模态命题逻辑的扩张

1. 模态谓词逻辑

和经典命题逻辑的情形一样,经典命题逻辑把对命题的分析扩展到构成命题的各个构件,即个体词、量词、联结词等成分,人们对逻辑的分析深入到更为细致的层面,这个时候的逻辑,就从命题逻辑变成了命题逻辑的扩张。如果我们对模态逻辑的讨论,不再仅是以命题为最小单位,而是在模态命题逻辑的基础上进行成分扩张,这种扩张一般可分为两种情形,一种是模态命题逻辑的模态扩张,另一种是模态命题逻辑的量化扩张。

2. 模态扩张

如果我们把经典谓词逻辑,看做是经典命题逻辑的算子扩张,模态词作为命题的成分进入了逻辑学家的视野,这个时候形成的逻辑,可以称之为增加了模态而形成的模态谓词逻辑,这种扩张称之为模态扩张。

3. 量化扩张

如果我们把经典谓词逻辑,看做是在经典命题逻辑中增加量词,引入了对命题构成成分的量化处理,这样一种经典命题逻辑的扩张,称作为量化扩张。对模态命题逻辑也可以作这样的处理,我们在模态命题逻辑之中增加量词,对构成模态命题的词的成分也进行量化处理,这个时候形成的逻辑可以称之为增加了量词而形成的模态谓词逻辑,这种逻辑是量化扩张后形成的模态逻辑,更合适的称呼是带量词的模态逻辑。本节,我们所要讨论的对象就是这个意义上的带量词的模态逻辑。

4. 作为量化扩张的时态逻辑

在诸多模态逻辑系统中,时态逻辑是一种特殊的模态逻辑,它既是命题的模态,但这种模态又具有最明显的量化特性,所以,它既是属于命题的模态逻辑,又可以说是属于量化的模态逻辑。下面,我们将简要讨论这种既有量化、又是模态的时态逻辑,然后我们讨论一般的带量词的模态逻辑。

7.4.2 时态逻辑

1. 时态逻辑概述

(1)时间和对时间的逻辑处理

时间是人们最容易直观获得的一个概念,所以,把时间作为一个模态词来理解和人们对模态的讨论一样古老。时间又总是和运动相关,所以对时间进行数字量化处理就是非常自然的一件事情。

最早的关于时间逻辑的讨论可以追溯到古希腊的第奥多鲁斯,他最早把模态解释为时间,对模态算子必然和可能作出过如下的时间解释:

什么是可能:可能的东西是,或者现在或者将来是真或者存在的东西;什么是必然,必然的东西就是现在为真,将来也不为假的东西。①

到了现代,美国逻辑学者普赖尔为模态逻辑提供了最为清晰的依据时间的理解模式,为一般的可能世界语义学理论奠定了基于时间的模型基础。

(2)判定命题真假的时间索引词和量词

我们使用自然语言来表达命题,有些命题是永恒的,是不会改变其真值的语句,例如,2+2=4,这被弗雷格称作一个完全的思想。但有些命题则表达不了一个完全的思想,例如这样的语句:

①欧阳是幸福的。

对于这样的语句,我们抓不住它的真值,它需要有一个时间索引词来判定。于是,我们会在这个命题中加上能判定其真假的时间因素。

②在时间 t 上,欧阳是幸福的。

对这种带有时间索引词的命题,用更具有逻辑特性的方式来描述,还可以给命题以量词修饰,这就形成了量化的模态表达式,量化的对象是时间 t。

③(∀t)在时间 t 上欧阳是幸福的。

加上了量词之后,命题③显然是假的,他不可能永远是幸福的。

④(∃t)在时间 t 上欧阳是幸福的。

加上存在量词之后,这个命题的真假依他当时的感觉是可以确定的。

(3)对时间命题的另一种解读

对上述命题②到④,也可以换一个视角来理解,在这类命题中,"欧阳是幸福的"实际上可以不看做是命题,它们可以看做是

---

① 转引自涅尔夫妇著《逻辑学的发展》,第 152 页,张家龙译,商务印书馆,1985 年.

时间的某种性质,这些语句给时间赋予了某种性质。依据这种解读,命题②就成了一个开语句。当 t 处于量化的时间范围之内的时候,这个语句就被量词给约束住了;而当 t 处于量化时间范围之外的时候,t 就起到了某种索引词的作用,它指谓了语句所对应的时间。对这类时间语句的这类思考和模态必然与模态可能联系起来,产生了对于时态的种种解释,从而产生了时态逻辑。

2. 时态的各种简单解释

(1)真势解释

时态的两个量化算子真势模态的两个算子,即:

所有的时间(∀t):必然;存在有些时间(∃t)可能。

由于(∀t)p→(∃t)p,所以有 ⊢□p→◇p。

由于(∀t)p→p,所以有 ⊢□p→p;

自然,⊢/p→□p;⊢/◇p→p。

(2)时态分为过去与将来

将来时态算子用黑体 F 表示,过去时态算子用黑体 P 表不。

这里,命题的真成为时间的性质,一个命题 P 是在将来的某个时候出现的情形,表述为:

1)将来的某时候是 P 这个情形;FP。

一个命题 P 是在过去的某个时候出现的情形,表述为:

2)过去的某时候是 P 这个情形;PP。

由此,一个命题 P 本身的时态就不在 P 中的动词中表示,而是用时态运算子来表示,在上述两个运算子的基础上,又出现随之而定义的两个运算子。

GP＝¬F ¬P;HP＝¬P ¬P。

GP＝¬F ¬P 表示:将总是 P 这个情形。

HP＝¬P ¬P 表示:一直总是 P 这个情形。

（3）用时态算子解释自然语言

1）至少可表示以下六种时态：

设表示：欧阳将赢得这场选举。我们就至少有以下多种时态表达方式。

表达方式
- ①P　欧阳赢了这场选举。
- ②FP　欧阳将赢得这场选举。
- ③PP　欧阳在过去赢了这场选举。
- ④PPP　欧阳在过去的过去赢了这场选举。
- ⑤FPP　欧阳在将来某个时刻前赢了这场选举。
- ⑥PFP　欧阳在过去的某个时刻后赢了这场选举。

2）叠置时态的解释。

上述第④到⑥命题涉及叠置时态，时态的叠置并非对命题的解释没有影响，从上述六个命题中可以看到，④与③是有区别的，⑤与⑥也是有区别的，解释叠置模态，需要我们对时间概念有量的量度，由此引入以下符号：

①FP　欧阳将赢得这场选举。

这可以量化为：

$(\exists t' \wedge)(t' \wedge > t \wedge$ 在 $t' \wedge$ 上欧阳赢得这场选举。)

②PP　欧阳在过去赢了这场选举。

这可以量化为：

$(\exists t' \wedge)(t' \wedge < t \wedge$ 在 $t' \wedge$ 上欧阳赢得这场选举。)

③GP　欧阳将总是赢得这场选举。

这可以量化为：

$(\forall t' \wedge)(t' \wedge > t$ 在 $t' \wedge$ 上欧阳赢得这场选举。)

④HP　欧阳一直在赢得这场选举。

这可以量化为：

$(\forall t' \wedge)(t' \wedge < t \wedge$ 在 $t' \wedge$ 上欧阳赢得这场选举。)

⑤FPP　欧阳在将来某个时刻前赢了这场选举。

这可以量化为：

（∃t″）(t″>t∧（∃t′∧）(t′<t″∧∧在 t′∧上欧阳赢得这场选举。)

⑥PFP　欧阳在过去的某个时刻后赢了这场选举。

这可以量化为：

（∃t″∧）(t″<t∧（∃t′∧）(t′∧>t″∧在 t′∧上欧阳赢得这场选举。)

3. 不同于上述解释的时态逻辑

(1)□P＝GP,◇P＝FP

因为 G 解释为:将总是 P 这个情形。

因为 F 解释为:一直总是 P 这个情形。

在这样解释下的时态逻辑中可以看到,有些模态公式就是不成立的。

例如,□p→p,也就是 GP→P,这个公式前件并不蕴涵实然的 P。

但在这个解释下,□P→◇P,也就是 GP→FP,这个公式前件则蕴涵着在未来总有一个时刻 P 是真的。

(2)□P＝P∧GP,◇P＝P∨FP

包括了现在和将来,◇P 则蕴涵着现在或者将来的某个时刻的情形。这正是古希腊麦加拉学派第奥多鲁斯对时态的解释,在这个解释下,也是有些模态公式成立,有些模态公式不成立。

时态逻辑中的时间模态有一种很自然的二元序列关系:后于关系。这种关系显然是传递的,但既不是自反的,也不是对称的。因为这种后于关系,在把□P 解释为 GP 的时候,自然□p→p 不成立。但是,如果我们取□P＝P∧GP,则由于我们在使用这种后于关系的同时,考虑到了未来之前的现在,则公式□p→p 在这样的时态逻辑中就是成立的。

7.4.3　带量词的模态逻辑

模态谓词逻辑在量化扩张的意义上,更适合称作量化的模态逻辑。

给经典命题逻辑添加量词和谓词,这就构成了一阶经典逻辑,给模态命题逻辑增加量词和谓词,当然也对应地形成了一阶模态逻辑,这里的带量词的模态逻辑是在一阶的层次上来讨论的,量词仅限于对于个体词的限定。

1. 带量词的模态逻辑的基本构成

(1)模态命题逻辑是带量词的模态逻辑的基础

带量词的模态逻辑以模态命题逻辑为基础,在这个逻辑中,有模态命题逻辑同样的联结词、同样的模态词。模态命题逻辑的公式形成规则、公理、推理规则,也同样的是带量词的模态逻辑的组成部分。属于模态命题逻辑的东西,在带量词的模态逻辑中,一个也不能少。

(2)新增的三类符号

带量词的模态逻辑增加了三类符号:

1)表示数量情况的量词:

∀:全称量词;

∃:存在量词。

2)表示对象之间关系的关系符号词:

由对象元素数量的不同,关系符号可以分为一元关系符号、二元关系符号，……n 元关系符号，可以说是一个带有无限元素和无限关系的关系系列。既可能是对象元素的无限，也可以是表达这些对象元素间关系的无限。用 P^1，P^2，P^3，P^n，分别代表一元对象、二元对象、三元对象和 n 元对象，这些对象之间的关系符号可分别表示为：

一元关系符号：P_1^2，P_2^1，P_3^1，……；

二元关系符号：P_1^2，P_2^2，P_3^1，……；

三元关系符号：P_1^3，P_2^3，P_3^3，……；

……；

n 元关系符号：P_1^n，P_2^n，P_3^n，……；

……。

在表达关系的符号中，其中的一元关系符号指谓的实际上只有一个对象，这个对象自身所具有的某种性质和对象本身构成了自身的关系。但这种关系表达的是对象和其谓词之间的某种东西，一元关系符号在这个意义上也可以看做是谓词符号。谓词不被看做是个体对象，而被看做是依附在对象上的某种性质，对一元谓词符号的这种理解，实际上是为这种逻辑增加了原先模态命题逻辑所没有的一个构件，这就是个体词。

3）表示对象的个体词：

在带量词的模态逻辑中，另一类增加的构件是个体词，一个具有无穷个数的个体词系列符号。我们称之为个体变元，我们可以用下标数字的方式来表示这些个体变元，例如：用 v_1，v_2，v_3，……，v_n 来表示；我们也可以用 x，y，z 来表示这些个体变元。此外还有一些个体常元，它们也表示个体词。

这三类符号的增加，使得模态逻辑的公式类别也随之而增加，由此而出现带量词的模态逻辑不同于命题逻辑的新概念。在个体词中，个体变元有自由变元和约束变元之分，这是由带量词的模态逻辑的公式中,量词对个体词的管辖与否而产生的概念。我们首先给出量化模态公式的形成规则,然后说明什么是自由出现和约束出现,从而定义出自由变元和约束变元的概念。

(3)带量词的模态逻辑公式

1)带量词的模态逻辑的公式形成规则:

①每一个原子公式是公式。

②若 x 是公式,则¬x 也是公式。

③若 x 是公式,□x,◇x 也是公式。

④若 x 与 y 是公式,·表示任意二元联结词,则 x·y 也是公式。

⑤若 x 是公式,v 是一个个体变元,则(∀v)x 和(∃v)x 也是公式。

很明显,除了第 5 条规则,前 4 条规则都是模态命题逻辑公式的形成规则。第 5 条规则给带量词的模态逻辑增添了新公式。按照以上规则构成的公式,都是带量词的模态逻辑的合式公式。

2)变元的自由出现和约束出现:

对于一个有量词的公式而言,例如一个量词公式:

$$(\forall x)P(x) \to Q(x)$$

这个公式显然是模态量化逻辑中的一个合式公式,P(x)中的个体变元 x 在量词∀的管辖之下,x 的这样一种出现,称作约束出现;而其中的 Q(x)不在量词的管辖之下,x 的这样一种出现方式,称作自由出现。

3)变元自由出现的判定规则:

①若一个公式是原子公式,则该公式的每一个变元的出现都是自由出现。

②若一个公式是原子公式 x 的否定式¬x,则该公式的每一个变元的出现也都是自由出现。

③若一个公式是 x·y 形式的公式,则 x·y 形式的公式变元自由出现是那些属于 x 也属于 v 的变元。

④若一个公式是带有模态词的公式□x 和◇x,□x 和◇x 之中变元的自由出现在公式 x 中的那些变元。

⑤若一个公式是带有量词的公式(∀v)x 和(∃v)x,(∀v)x 和(∃v)x 中的自由变元出现是 x 中的变元,除了 v 在其中的出现之外。

4)自由变元和约束变元:

约束变元:以约束出现形式出现的个体变元是约束变元;

自由变元:以自由出现形式出现的个体变元是自由变元。

(4)公式实例

设有符号串(∃y)((∀x)P(x,y)→□Q(x,y)),其中 P,Q 是二元关系符号,x,y 是个体变元。依据公式形成规则,判定这个符号串是否带量词的模态逻辑的公式;依据变元自由出现的规则,判定其中的每一种公式哪些是变元的自由出现。

由 P(x,y),Q(x,y)是原子公式,依据公式形成规则①可知,它们是带量词的模态逻辑的公式;依据变元自由出现的规则①,又可知,这两个公式中的所有变元都是自由出现;

因为 Q(x,y)是原子公式,依据公式形成规则④可知,□Q(x,y)是带量词的模态逻辑的公式;依据变元自由出现的规则④,又可知,这两个公式中的所有变元都是自由出现;

因为 Q(x,y)是公式,依据公式形成规则⑤可知,(∀x)P(x,y)也是带量词的模态逻辑的公式;依据变元自由出现的规则⑤,又可知,这个公式中的变元,y 是自由出现,x 不是自由出现;

因为(∀x)P(x,y)是公式,Q(x,y)是公式,依据公式形成规则⑨,(∀x)P(x,y)→□Q(x,y)也是公式;依据变元自由出现的规则⑤。又可知,这个公式中的变元,y是自由出现,x不是自由出现:

最后,因为(∀x)P(x,y)→□Q(x,y)是公式,依据公式形成规则⑧可知:(∃y)((∀x)P(x,y)→□Q(x,y))也是公式;依据变元自由出现的规则⑤又可知,这个公式中的变元,x是自由出现,y不是自由出现。

(5)闭公式

一个不含自由变元出现的公式,我们称其为闭公式,或者称一个语句。

2. 带量词的模态逻辑的语义学

由于带量词的模态逻辑既有模态词,又引入了量词,这一逻辑的语义学就远比模态命题逻辑复杂。以至于今天,一个量化的模态逻辑是否有可能的问题,仍然困扰着从事这一研究的学者。

在模态命题逻辑的语义学中,已经涉及可能世界的量的问题了,必然真被理解为在一切可通达的可能世界中为真,可能真被理解为在有些可通达的可能世界中为真。现在又多了一对表示数量关系的量词,这对量词是用来覆盖可能世界。还是量词用来覆盖可能世界中的个体对象? 对可能世界的量化问题和对个体的量化问题,又引起对个体对象的一种饶有趣味的思考。

参考文献

[1]王海传.普通逻辑学[M].北京:科学出版社,2015.

[2]胡泽洪,周祯祥,王健平.逻辑学[M].广州:广东教育出版社,2011.

［3］陈树文.逻辑学基本原理［M］.北京：北京交通大学出版社，2003.

［4］饶发玖，张广荣.逻辑学［M］.北京：中国农业大学出版社，2014.

［5］程叔铭.逻辑学［M］.北京：科学出版社，2013.

［6］中国人民大学哲学院逻辑学教研室.逻辑学［M］.北京：中国人民大学出版社，2014.

［7］王路.逻辑基础［M］.北京：人民出版社，2004.

［8］熊明辉.逻辑学导论［M］.上海：复旦大学出版社，2011.

［9］李娜.逻辑学导论［M］.武汉：武汉大学出版社，2010.

第8章 归纳逻辑

前面我们所讨论的论证都是演绎论证,并且所讨论的论证评价标准或方法都是针对演绎论证展开的。然而,现实生活中的好论证,除了不可能所有前提均真而结论为假的演绎论证之外,还有所有前提均真而结论可能为真的归纳论证。评价这类论证的好与坏,显然不可能根据前述的演绎有效性标准来进行,因为这类论证无所谓有效或无效。评价归纳论证的标准是强与弱,我们称之为"归纳强度",也有少数逻辑学家称之为"归纳有效性"。本章首先论述归纳法与可能性,然后简单讨论归纳概括、归纳类比、因果假设、数值概率、解释性假设等几种常见的归纳论证模式及其评价。

8.1 归纳逻辑的概念

8.1.1 什么是归纳逻辑

本书前面介绍的演绎逻辑,是研究演绎推理和建立在演绎推理基础上的演绎方法的逻辑理论。而本章介绍的归纳逻辑,则是以归纳推理及归纳方法为主要研究对象的逻辑理论。

与演绎推理不同,归纳推理是以真命题为前提推出不必然为真的命题为结论的推理。例如：

①科学研究证明：地球与月球之间是相互吸引的；太阳与地球之间是相互吸引的；太阳与月球之间是相互吸引的；地球与火星之间是相互吸引的，等等。于是作出结论：任何两个物体之间都是相互吸引的。

②某农场有稻田 800 亩，被附近生产厂排出的有害废水污染，造成大面积减产，在索赔的过程中，为了确定损失数量，有关人员从大田中随机抽取有代表性的样本若干斤，计算出平均每亩损失 400 斤，由此断定：某农场共损失水稻 32 万斤。

③很久以前，科学家们考察了很多动物，发现它们的血都是红色的：老虎的血是红色的；猴子的血是红色的；青蛙的血是红色的……于是作出结论：动物的血都是红色的。

以上三个例子都是归纳推理，例（1）前提为真，结论也是真实可靠的。例②前提也为真，结论仅仅有一定程度的真实性。因为它只是在大田中随机抽取样本进行考察，却得出了整块大田的索赔数量。这个数量显然不是十分准确的。例（3）的前提同样是真实的，然而结论却是虚假的，因为科学家们后来发现南极洲有一种鱼的血是白色的，同时还发现虾、蜘蛛等动物的血也不是红色的。

由此可知，归纳推理有如下特点：首先，归纳推理的前提必须是真实的，以虚假的前提作归纳，没有任何实际意义。其次，虽然前提为真，据此推出的结论却未必真实可靠，可能为真，也可能为假。再次，即使结论是真实的，那么结论之真也不是前提所保证的，在归纳推理中，前提和结论之间并没有重言式铸成的链条相连接，前提只给结论的真有限度的保证和支持，使结论具有某种程度的可靠性。

归纳推理的前提，一般称为证据，用 e 表示。归纳推理的结论,称为假说或猜想,用 h 表示。归纳前提对结论的支持程度,称为确证度,用 p 表示。确证度的大小,可以通过一定数量的概率值来反映。即 p(h/e),它表示已有证据 e 对提出假说 h 的证明程度。由于 h 与 e 之间是一种不直接依赖于事实观察的、不依赖于相对频率的逻辑分析关系,所以也称逻辑概率,归纳推理的逻辑概率也称归纳概率,具有大于或等于零,小于或等于 l 的性质,即 $0 \leqslant p(h/e) \leqslant 1$,归纳概率的大小,体现着前提对结论的不同支持强度,因此,归纳概率也称归纳强度。

归纳推理的最大特点是不能从真前提必然推出真结论,因而,归纳推理的推理形式就不是重言的蕴涵式,对归纳推理的评价,就不能以有效、无效来区分。由于归纳推理的前提对结论是一种支持关系,因而,只能以前提对结论的支持程度,即归纳概率的大小,结论是否可靠作为衡量归纳推理的标准。归纳推理的中心任务就在于研究如何使其具有较高可靠性的方法,即:怎样增加归纳强度,以及提高归纳推理结论可靠性的一般原则和方法是什么。

如何描述、刻画归纳前提对结论的确证度,古典归纳逻辑与现代归纳逻辑的做法迥然不同。古典归纳逻辑以枚举法为代表,它着眼于定性刻画,即以若干的经验事实为前提,以定性的全称概括做结论。它试图通过制定各种归纳法则来保证人们能够在经验材料的基础上概括出一般结论。现代归纳逻辑以概率、统计归纳推理为代表,它着眼于定量研究,运用概率、统计的定量分析来探讨有限的经验事实对一定范围内普遍原理的证据支持度。使得归纳推理的或然程度能够得到定量的描述、刻画。因而,我们说,枚举法等古典归纳推理的确证度是混沌的,不准确的;而概率归纳推理等现代归纳推理的确证度是清晰的,比较准确的。

除了归纳推理外,归纳逻辑还研究一些与归纳推理相关的归纳方法,如:收集和整理经验材料的方法,求因果五法,求概率的方法,统计的方法,等等。

综上所述,归纳逻辑主要研究各种形式的归纳推理及相关方法。研究推理形式的可靠性及提高归纳可靠性的一般原则。

8.1.2 归纳和演绎的区别

归纳推理和演绎推理的主要区别表现在以下三方面:

(1)结论是否超出前提的范围

演绎推理的大前提通常是反映一般原理的知识命题,结论则是反映具体性知识的命题,其结论所反映的知识范围通常不超过前提所提供的范围。因而,通过演绎,可以得到真实、具体可靠的知识。归纳推理则不同,它的前提通常是反映个别知识的经验命题,结论却是反映一般性知识的全称命题,结论所反映的范围往往超出前提所提供的知识范围。因而,通过归纳,可以拓展知识的范围。

(2)结论是否由前提必然推出

演绎推理前提和结论的联系是必然的,前提蕴涵结论,因此,对于有效的推理形式来说,能够保证从真前提推出真结论,其前提对结论的确证度 $p(h/e)=1$,是一种必然性推理。而归纳推理的前提和结论的联系是或然的,它们之间没有蕴涵关系,前提只为结论的可靠程度提供某种支持,因此,归纳推理不能从推理形式上提供从真前提推出真结论的保证,其前提对结论的确证度 $p(h/e)<1$,是一种或然性推理。

(3)结论为真的概率是否受前提多少的影响

归纳推理增加或减少一些前提,会增加或减少结论为真的概率,尽管不同的归纳推理,前提的数量多少对结论的影响程度不

同,但没有一种不受其影响。而在演绎推理中,却不会出现这种
状况,即前提数量多少对结论的支持程度是相同的。

8.1.3　归纳的分类

按照不同的标准,可以对归纳推理作不同的划分。

本书按前提的考察范围,将归纳推理分为完全归纳推理和不
完全归纳推理。

完全归纳推理是考察数量有限的某类对象,其中每个对象具
有(或不具有)某种属性,而得出这个类的所有对象都具有(或不
具有)这种属性的推理。例如:

氦是惰性气体,氖是惰性气体,氩是惰性气体,氪是惰性气
体。氙是惰性气体,氡是惰性气体。氦、氖、氩、氪、氙和氡是元素
周期表中零族的所有元素。所以,零族的所有元素都是惰性
气体。

这种推理形式一般表示为:

S_1 是(或不是)P;

S_2 是(或不是)P;

S_3 是(或不是)P;

S_n 是(或不是)P;

……

$S_1 - S_n$ 是 S 类的所有对象。

所以,所有的 S 都是(或不是)P。

显然,完全归纳推理的结论断定的范围没有超出前提所断定
的范围,其归纳强度 $p(h/e)=1$,该推理形式只要满足前提真实,
且考察的对象没有遗漏,就可以保证从真前提推出真结论。即结
论为真的概率为 1,因此,这种推理实质上是一种必然性推理,应

归入演绎推理的范围,本章所讨论的归纳推理实际上不包括完全归纳推理。不过,值得注意的是,完全归纳推理具有重要的认识作用,这种推理的结论虽然没有超出前提的范围,但是由于它并非是对前提的简单重复,而是对个别、片面的知识进行概括,提升为一般的知识,是认识的一种飞跃。因而它也可以为人们提供新的知识。另外,由于完全归纳推理的前提与结论的联系是必然的,因而常被用于论证,例如,我们对传统逻辑三段论推理"两个特称前提不能得结论"的规则证明,就运用了完全归纳推理。

不完全归纳推理是本章讨论的主要内容,这种推理的前提通常是考察了某类部分对象具有(或不具有)某种属性,而得出这个类的所有对象都具有(或不具有)某种属性,结论所断定的知识范围超出了前提提供的范围,其前提对结论的支持度 p(h/e) 通常小于 1,因而前提和结论的联系是或然的,结论不是充分可靠的。

按照推出结论的根据不同,不完全归纳推理可分为简单枚举归纳推理、概率归纳推理、统计归纳推理等推理形式。

求因果五法为归纳方法,其前提和结论之间的联系具有或然性,类比推理也是属于前提真,结论不必然为真的推理,所以本章一并把它们划入不完全归纳推理予以介绍。

下面将分节介绍不完全归纳推理的具体形式。

8.2　简单枚举归纳推理

8.2.1　简单枚举归纳推理的定义与结构

简单枚举归纳推理是一种典型的不完全归纳推理。它是根据某类的部分对象具有(或不具有)某种属性,并且没有反例,从而推出该类的全部对象具有(或不具有)某种属性的推理。

例如：

人们知道,白菜、大豆、水稻、棉花、柳树、小草都是绿色的植物。

又都能进行光合作用,没有遇到相反的情况,于是作出结论：所有绿色的植物都能进行光合作用。

设 S 表示某类对象,用 S_1、S_2、S_3……S_n 表示该类中的单个对象,S1 表示 S 中的反例,则简单枚举归纳推理的形式如下：

S_1 是(或不是)P;

S_2 是(或不是)P;

S_3 是(或不是)P;

……

S_n 是(或不是)P;

$S_1 - S_n$ 是 S 类的部分对象,并且没有 S_i 出现。

所以,所有的 S 都是(或不是)P。

显然,简单枚举归纳推理前提只对结论提供一定程度的支持,结论不是十分可靠的。理由如下：

①根据一类对象的部分所具有的特征,推测这类对象的全部都具有这种特征,即由部分推全体,这本身不具有逻辑必然性。因为它预设如下两点：①被断定的那类对象存在某种一致性；②据此推论的部分对象是该类对象的代表。然而,要证明这两点,势必陷入循环论证的泥潭：假如不能证明世界上至少有一种一致性存在的话,怎能证明某种一致性存在呢？假如不知道一个类总体的特点,又怎么能知道这个类的部分具有代表性呢？这就是休谟提出的归纳推理的合理性问题,多少年来,尽管许多逻辑、哲学家为此殚精竭虑,时至今日,仍然没有令人满意的答案。

②根据在考察部分对象时,没有遇到相反的事例,而由此假定考察全部对象时也不会遇到反例,这也不具有逻辑必然性。因为,没有发现反例,不等于没有反例,也无法保证今后不会出现相反的情况。

8.2.2 提高结论可靠性的条件

简单枚举归纳推理的结论不是必然可靠的,怎样来提高这种推理结论的可靠程度呢? 通常要注意以下条件:

①尽量增加列举的数量,扩大列举的范围,结论的可靠程度就越高。因为被考察的对象的数量愈多,范围愈广,越容易把握对象的共性。同时,考察的数量越多,漏掉相反情况的可能性就越小,结论的可靠程度就越高。相反,考察的数量愈小,漏掉反例的可能性就越大,结论的可靠性就愈低。

在增加列举数量的时候,应当尽可能考虑到被列举对象之间的差别,倘若对象之间的差别很小,甚至可以忽略不计,那么考察1000 个分子和考察一个分子所起的作用就没有什么不同了。只有把一类对象在各种状态下的情况都考察到了,所概括出来的结论才更有说服力。比如,要说明改革开放政策给中国带来的巨大变化,如果只是列举东南沿海地区的实例,而忽略中西部的情况,就会犯"轻率概括"的错误,所得结论也没有多少说服力。

②适当限制结论的范围,也会提高结论的可靠程度。因为枚举归纳推理的结论是一种假说,能否成立取决有无反例,一旦出现反例结论便被推翻。在这种情况下,将结论的范围由类对象限制为类对象的子类更能排除反例的存在。比如,考察了亚洲的天鹅都是白色的而得出"天鹅都是白色的"结论,就不如得出"亚洲的天鹅是白色的"结论可靠些。

8.2.3　简单枚举归纳推理的作用

尽管简单枚举归纳推理的结论不完全可靠,但是这并不妨碍这种推理在实际思维中的广泛运用,主要表现在以下几个方面:

①简单枚举归纳推理是科学研究中形成假说的重要认识手段。在科学研究活动中,往往都是从个别现象猜想其一般情况,然后对猜想的结果加以验证,以激励、推动科研工作向纵深发展,大家所熟悉的哥德巴赫猜想就是这样产生的。200 多年以前,哥德巴赫计算了许多偶数,发现它们都能分解为两个素数之和。如 $6=3+3,14:13+1,……$ 等等,于是他据此猜测:"每个不小于 6 的偶数都是两个素数之和",这个猜想显然是运用枚举法得出的。然而自然数是不可穷尽的,要从理论上证明它却很难很难,如今,人类仍没有最后破解这道难题,足见这个猜想的理论价值及产生的深远影响。

②简单枚举法是在日常生活中被广泛应用的认识方法。比如,农产品的试产估收及优良品种的选择,工业品的质量控制和检验。各种社会调查,对案件的分析及法庭辩论都广泛应用着简单枚举归纳推理,不少民间谚语也都是简单枚举的结果。

8.3　科学归纳推理

8.3.1　科学归纳推理的定义与结构

科学归纳推理是根据某类中的部分对象具有某种属性,并且这部分对象和属性之间存在着必然联系或因果关系,从而推断该类所有对象都具有某种属性的推理。

例如：人们观察了大量的向日葵，发现它们的花总是朝着太阳，经过研究发现，向日葵的茎部含有一种植物的生长素，它可以刺激生长，又具有背光的特性。生长素常常在背着太阳的一面，使得茎部背光的一面生长快于向阳的一面。于是开在顶端的花总是朝着太阳。因此，所有向日葵的花都朝着太阳。

以上事例，找到了向日葵茎部的生长素具有背光性，是导致向日葵朝向太阳的原因，并由此得出"所有向日葵花都朝向太阳"的一般性结论。

科学归纳推理的形式结构是：

S_1 是 P

S_2 是 P

S_3 是 P

S_n 是 P

S_1、S_2、S_3……S_n 是 S 类的部分对象，并且 S 与 P 有
因果联系或必然联系

所以，所有 S 都是 P

8.3.2 科学归纳推理与简单枚举归纳推理的区别

科学归纳推理与简单枚举归纳推理都是不完全归纳推理，因而具有共同性，但也有明显区别，其主要区别如下：

(1)推理的根据不同

简单枚举法以观察所得经验知识为依据，按照某类中的部分对象不断重复某种属性，并且没有遇到反例，从而推断该类对象的一般性结论。科学归纳法则是以科学分析为主要根据，它是对观察所得的经验知识进一步分析，找出对象与属性之间的因果必

然联系,依此推出该类对象的一般性结论。

(2)前提数量多少对结论的证据支持度不同

在枚举归纳推理中,其前提数量的多少对结论的证据支持至关重要,是一种正相关,而在科学归纳推理中,前提的数量对结论的证据支持无关紧要。只要充分分析和揭示对象和属性之间的因果联系,即使前提的数量不多,也可以归纳出可靠的结论。正如恩格斯所说,十万部蒸汽机并不比一部蒸汽机更多地证明热能转化为机械运动。

(3)结论的可靠程度不同

简单枚举法的结论具有或然性,既可能真,也可能假。而科学归纳法,由于建立在科学分析的基础上,比简单枚举法的结论可靠得多。

8.3.3　探寻现象间因果联系的逻辑方法

进行科学归纳推理,最关键的是寻找现象之间的因果联系,所谓因果联系是指,如果某一现象的存在必然引起另一现象的发生,则它们之间具有因果关系。其中,引起某一现象的现象叫原因,被一个现象引起的现象叫结果。因果联系具有相对性。一个现象对某现象来说是结果,而对于另一现象来说是原因,比如,爆炸既是火药达到一定温度的结果,又是造成人员伤亡的原因。因果联系在时间上具有先后相继的顺序。即总是原因在前,结果在后。因果联系具有确定性。即一定的原因总是产生一定的结果,而一定的结果总是由一定的原因产生,既无无因之果,也无果之因。

逻辑学为探寻现象之间的因果关系,提供了一定的方法,这些方法是由英国人约翰·穆勒提炼定型的,称为"穆勒五法",它

们是求同法、求异法、求同求异并用法、共变法和剩余法。下面予
以介绍。

1. 求同法

求同法又叫契合法。它是指被研究现象出现的若干场合中，
如果只有一个情况是这些场合共同具有的，那么这个唯一共同的
情况就是被研究现象的原因（或结果）。

例如：有人对不同的醋厂作了调查，发现这些醋厂的职工基
本上没有癌症患者。对于这些醋厂来说，所处的地区不同，因而
土壤、水质、气候、生活习俗也就不同，相同的只是他们天天生活
在醋的环境中。由此，人们得出结论：醋是预防癌症的原因。

求同法可用下列公式表示：

场合	先行（或后行）情况	被研究现象
（1）	A，B，C	a
（2）	A，D，E	a
（3）	A，F，G	a
…	…	…

所以，A 是 a 的原因（或结果）

求同法的特点是异中求同。即在被研究对象出现的各种复
杂的场合中，寻找共同的情况，以确定其和被研究对象之间的因
果联系。应用求同法，应注意两点：①各场合中是否还有其他的
共同情况。有时候，在被研究对象出现的各个场合，相同的情况
不止一个，而人们往往在发现一个共同的情况后，就把它当成被
研究对象的原因（或结果），而忽略了隐藏的其他共同情况，这就
有可能错误地确定现象之间的因果关系。②进行比较的场合越
多，结论的可靠程度越大。因为比较的场合越多，各场合共有一
个不相干情况的可能性越小，而共有一个相干的情况可能性越

大,结论为真的概率自然越高。

2. 求异法

求异法又叫差异法。它是指被研究现象出现与不出现的两个场合,如果其他的情况完全相同,只有一个情况不同,并且这个唯一不同的情况,在被研究现象出现的场合它出现,在被研究现象不出现的场合它不出现,那么,这个唯一不同的情况就是被研究现象的原因(或结果)。

例如:某科研单位为了推广果树剪枝技术,做了如下试验:将一个果园分为两块,对其中的一块进行剪枝,另一块不剪枝,除此之外,这两块地在气候、土壤、光照等自然环境及浇水、灭虫、田间管理等方面完全相同。到了秋后,剪枝的果树比不剪枝的增产三到四成。由此可见实施剪枝是果树增产的原因。

求异法可用下例公式表示:

场合	先行(或后行)情况	被研究现象
(1)	A,B,C	a
(2)	—B,C	—

所以,A 情况是 a 的原因(或结果)

求异法的特点是同中求异,即通过排除被研究现象出现和不出现场合的相同情况,从而确定唯一不同的情况与被研究现象具有因果关系。应用求异法,要注意的是:①正反两个场合差异情况是否是唯一的。如果先行或后行情况中还隐藏着另一个差异情况,据此所确定的因果关系就有可能是错误的,就有可能失去真正的原因(或结果)。②要分析唯一不同的情况是被研究现象的总原因还是部分原因。如果只是部分原因,还要通过其他方法找出剩余的原因,以免以偏概全。

3. 求同求异并用法

求同求异并用法也叫契合差异并用法。它是指有两组事例，在正事例组中，即被研究现象出现的若干场合，只有一个情况是相同的；而在负事例组中，即被研究现象不出现的若干场合中，正事例组中唯一相同的情况都不出现，其他情况不尽相同，那么这个唯一相同的情况就是被研究现象的原因（或结果）。

例如：达尔文在研究生物和环境的关系时发现，不同类的生物在相同的环境中，常常呈现出相似的外貌形态及构造。如鱼类中的鲨鱼、爬行类中的鱼龙、哺乳类中的海豚，由于它们长期生活在相同的环境中，外貌很相似：身体都是梭形，都有胸鳍、背鳍和尾鳍。与此相反，同类生物在不同的环境中，常常呈现出不同的外貌形态和习性。如狼、鲸、蝙蝠同属哺乳动物。但由于生活在不同的自然环境中，不仅外貌差异很大，而且生活习性迥异．如狼善奔跑，鲸适于游水，蝙蝠擅长飞翔。达尔文对这两类观察的对象进行比较，认为生活环境是造就生物外貌形态和生活习性的原因。即相同的生活环境造就相同的外貌形态及习性，不同的生活环境造就不同的外貌形态及习性。求同求异并用法的推导公式如下：

场合	先行(或后行)情况	被研究对象	
(1)	A, B, C, D	a	
(2)	A, C, F, G	a	正事例组
(3)	A, F, D, C	a	
...	...	...	
(1)	−, B, C, D	−	
(2)	−, D, E, F	−	负事例组
(3)	−, F, G, D	−	
...	...	...	

所以,A 是 a 的原因(或结果)

求同求异并用法的特点是两次求同,一次求异。分三个步骤:①正事例组场合求同,即把被研究现象出现的那些场合比较,找出共同的情况 A;②负事例组场合求同,即把被研究对象不出现的那些场合比较,发现都没有情况 A;③把正负事例组的结果予以比较,通过求异来进一步确定 A 是 a 的原因。

应用求同求异并用法应当注意:①正负事例组考察的事例越多,其结论越可靠。因为只有这样,才能排除偶然的不相干因素,找到真正的原因(或结果)。②负事例组的各个场合,应尽量选择与正事例组较为相似的情况。因为负事例组的情况是无数多的,其中很多对于探求被研究对象的因果联系并无意义,只有考察那些和正事例组相似的场合才有意义。

4. 共变法

共变法是指,在被研究现象发生变化的各个场合,如果只有一个情况是变化着的,而其他的情况保持不变,那么这个唯一变化着的情况就是被研究现象的原因(或结果)。

例如:英国的物理学家波义耳在实验中发现,在其他情况不变的情况下,压力增大,气体的体积变小;压力减少,气体的体积增大。他由此提出,压力的大小是气体体积变化的原因。共变法可用公式表示如下:

场合	先行(或后行)情况	被研究现象
(1)	A_1,B,C,D	a_1
(2)	A_2,B,C,D	a_2
(3)	A_3,B,C,D	a_3
…	…	…

所以,A 是 a 的原因(或结果)

共变法的特点是以因果联系量的变化为基础。为了提高其结论的可靠程度,应注意如下事项:①与被研究现象发生共变的情况应是唯一的。如果发生共变的情况不是唯一的,就要通过进一步的实验、分析,排除无因果关系的共变情况,确定真正的因果关系;②共变现象常常是有限度的,超过这个限度,共变关系就会消失,甚至发生相反的变化,比如水在 4℃～100℃ 之间是热胀冷缩,而在这个限度之外就可能是热缩冷胀。

5. 剩余法

剩余法是指,如果已知某一复合情况与被研究的复合现象具有因果关系,又知该复合情况的一部分与被研究的复合现象的一部分具有因果关系,那么,这二者的剩余的部分也具有因果关系。

例如:海王星的发现就是运用剩余法的典范。1789 年,天王星发现之后,天文学家发现它的实际运行轨道与根据万有引力定律计算出来的轨道之间有四个地方发生偏离。根据万有引力定律,这些偏离是受到别的天体的引力作用所致。天文学家便把已知的三个偏离因素逐一减去,剩下的一处偏离仍无法排除,天文学家据此推测:天王星运行轨道上的剩余偏离是尚未发现的天体引力作用的结果。由此断定还存在一个未知的天体。后来柏林天文台根据天文学家的计算结果进行观测,果然发现一颗新的行星,它就是海王星。

剩余法的逻辑形式可用公式表示如下:

已知:

复合情况 A,B,C,D 与复合现象 a,b,c,d 有因果关系。

并且:

B 与 b 有因果联系;

C 与 c 有因果联系；

D 与 d 有因果联系；

所以，A 与 a 有因果联系。

剩余法的特点是由余因求余果，或者由余果求余因，它在科学研究中被广泛运用。在运用过程中要注意它的适用条件，即必须确认除复合情况的剩余部分外，被研究现象的剩余部分不能与其他任何因素有因果联系，否则，就不能得出可靠的结论。

8.4 概率归纳推理

8.4.1 概率的概念

概率就是对随机事件发生的可能性大小作出数量方面测量的量。

前边讨论的简单枚举归纳推理、科学归纳推理等，考察的都是确定性事件，即在一定条件下必然发生或者不可能发生的事件。例如，普通飞机飞不出地球的引力场，一个人抛掷石块，石块最终要掉下来，这是必然事件，即在一定的条件下，每次试验都必然出现的事情。再如，太阳西升东落，种瓜得豆，这是不可能事件，即在一定的条件下，每次试验都不可能出现的事情。必然事件和不可能事件，都是确定性事件。简单枚举归纳推理就是对确定性事件的部分个体对象进行考察，要么都发生，要么都不发生，由此可以进行全称概括。

然而，在现实生活中，还有另一类事件，它们在一定的条件下可能发生，也可能不发生，是否发生事先不能确定，这种事件称为随机事件。例如,一个足球运动员罚点球,可能罚中,也可能罚不中;抛掷硬币,可能国徽朝上,也可能国徽不朝上。这些都是随机事件。

随机事件简称事件,分为简单事件和复合事件。简单事件是特定的独立事件,复合事件则是反映事件之间种种联系的事件。即:如果 A 事件发生,必然导致 B 事件发生,则称 A 为 B 的子事件;如果事件 A 与事件 B 中至少有一个发生,则称其为事件 A、B 的和事件;如果事件 A 与事件 B 同时发生,则称其为事件 A、B 的积事件;如果事件 A 与事件 B 必定有一个发生,并且 A 与 B 不能同时发生,就称其为事件 A、B 的互斥事件,等等。复合事件都具备这些性质,即可交换性、可结合性、可分配性。

不难看出,每一事件都可表述为相应的命题,简单事件表述为简单命题,复合事件可表述为复合命题。

设 A 表示任意的随机事件,则 P(A) 就是随机事件 A 的概率。如果 A 为简单事件,则 P(A) 就称为初始概率,初始概率就是不借助数学和逻辑运算从别的概率得到的概率。如果 A 为复合事件,则 P(A) 就要通过逻辑演算才能得到。

求事件的初始概率,可以通过由不同情况而形成的不同的概率工作定义而得到,下面我们将介绍古典定义和频率定义。

概率的古典定义(也称先验概率)是指:对于某一随机事件 A 来说,如果总共有 N 个同等可能而且互相排斥的结果,其中有 M 个 A 事件可能出现的情况,那么事件 A 的概率 P(A) 就等于 A 可能出现情况与全部可能情况的比率。用公式表示:

$$P(A) = \frac{M}{N}$$

例如:随便投掷一枚分币,总共有国徽朝上和朝下两种可能,而国徽朝上又是全部可能性的一半,所以,投掷一枚分币国徽朝上的概率为 1/2。

再如：比赛分组，某队从标有 1～10 的号码中任意抽取一个，求抽到前两组这一事件的概率。由于抽到每组的可能性都是相同的，从中任抽一个，总共有 10 种可能，即 N＝10，而抽到前两组的可能性最多是 2，即 M＝2，根据公式，抽到前两组的概率 P

$$(A)=\frac{2}{10}=\frac{1}{5}$$

古典定义之所以被称为先验概率，是因为获得一事件的概率无需试验。比如，不需要投掷一次或几次分币就可以知道，如果抛掷一次，国徽朝上的概率是 1/2。再如，不需要掷几下骰子，就能知道每一次某一面朝上的概率是 1/6。这种方法的局限性在于，它假定了全部可能情况都是同等可能的，是等概的。而实际情况并非如此，例如，某一地区在某一天的天气阴和晴不是同等可能的。英文字母中 E 比 z 出现的可能性要大得多，在这种情况下，古典定义就不适用。

频率定义是从概率的相对频率理论引进的。它是指对于随机事件 A 来说，如果它在 N 次重复的试验中共出现 M 次，则称比值 M/N 为这 N 次试验中 A 出现的频率。如果大量重复的进行同一试验，事件 A 的频率总是在某个常数 P 附近摆动，则把这个常数称为事件 A 的概率。用公式表示：

$$P(A)=\frac{M}{N}$$

例如，某批计算机的质量检测结果如表 8-1 所示。

表 8-1

检查台数（N）	合格品台数（M）	频率 M/N
50	48	0.96
100	94	0.94
150	143	0.953
200	191	0.955
500	475	0.950

由上表可以看出,频率在 0.95 附近摆动,因此,我们说,这批计算机合格品的概率为 0.95。

频率定义是用相对频率的极限来定义概率的。

频率定义的特点是依据过去的情况来预测未来的情况,用已知频率的极限推论未知的概率,因而是对不完全归纳推理加以定量刻画的有力工具。它的局限性是对于"地球将于某时某刻毁灭"这样的不可重复事件无能为力。

根据概率的定义和事件之间的关系,概率具有如下基本性质:

①必然事件的概率是 1,不可能事件的概率是 0。

②任何事件的概率总是大于或等于 0,小于或等于 1,即 $0 \leqslant P(A) \leqslant 1$。

③若两个事件对应的命题是等值的,则它们的概率值也相等。如命题 A 等值于, ¬ ¬ A,则 $P(A) = P(¬ ¬ A)$。

④如果 A 是 B 的子事件,则 B 的概率大于 A 的概率。即 $P(A) \leqslant P(B)$。因为在这种情况下,A 出现,B 必然出现;而 B 出现时,A 则不必出现。所以如此。

⑤若事件之间不相容互斥时,则互斥事件 A1 或 A2……A。

的概率等于各个支命题的概率之和,即:

$$P(A_1 \bigvee A_2 \cdots\cdots A_n) = P(A_1) + P(A_2) + \cdots\cdots + P(A_n)$$
$$= \sum_{i=1}^{n} P(Pi)$$

例如,当"小张去教室"的概率为 1/2。"小张去图书馆"的概率也是 1/2 时,那么,"要么小张去图书馆,要么小张去教室"的概率 $P(A) = \dfrac{1}{2} + \dfrac{1}{2} = 1$

8.4.2　概率归纳推理的定义与结构

概率归纳推理是由某类部分对象具有某种属性的概率推出该类的所有对象都具有这种属性的概率的推理。

例如:为了测试某种炮弹的命中率,进行发射试验,每次发射 40 发。第一次命中 5 发;第二次命中不是 5 发;第三次命中 5 发……共发射 10 次,其中有 9 次命中 5 发。即每 40 发命中 5 发的概率为未=90%。由此推断,今后每发射 40 发这样的炮弹,有 90% 的可能命中 5 发。

从以上的例子可以看出,概率归纳推理也是由部分推论总体,由现在推测未来,前提中考察的是一类对象的部分,发现其中有的具有某种属性,有的不具有某种属性,从而计算出被考察部分对象具有某种属性的概率,由此推断该类全部对象具有某种属性的可能性都为这个概率。

设考察的对象为 S,其属性为 P,考察的总次数为 N,事件发生的次数为 M,则概率归纳推理的形式是:

S_1 是(不是)P;

S_2 是(不是)P;

S_3 不是(是)P;

S_n 是(不是)P;

S_1—S_n 是 S 类的部分对象;

N 中有 M 个是 P;

所以,凡 S 都有 M/N 的可能性是 P。

从公式看出,概率归纳推理的结论超出了前提断定的范围,因而也不是十分可靠的,但是,概率推理是以事件出现的可能性大小作出定量刻画为特征的,其结论的真实程度可以通过概率值得到准确的反映。当 M/N=1 时,表明结论为真命题;当 M/N=0 时,表明结论为假命题;这时结论均为全称概括,其推理形式已转化为简单枚举,可见简单枚举是概率归纳推理的特殊情形。当 M/N 的值介于 0 与 1 之间,表明结论为概率命题。概率值的大小,标志着结论真实性程度的大小。概率值越大,就越接近真实;概率值越小,越接近虚假。由于概率推理能够比较准确的刻画结论的真实程度,使人们"胸中有数",从这个意义上讲,它比枚举归纳推理的结论可靠得多。另外,概率归纳推理能够从容的处理反例,具有较大的适应范围,这也是枚举归纳推理望尘莫及的。

8.4.3　概率归纳推理应注意问题及其作用

为了进一步提高概率推理的可靠程度,必须注意以下条件:

①考察的次数越多,范围越广,结论就越可靠。因为一般是用相对频率的极限去定义概率的,因此,考察的次数越多,范围越广,事件的频率就越接近事件出现的概率,这时才能够通过频率近似正确的把握概率。否则,在观察的次数过少、范围过小的情况下,频率往往偏离概率,与概率不一致,导致"以偏概全"的错误。比如,刑事社会学派的一些人常以日本学者某年度的一张统

计表作为犯罪与气候、月份有关的证据。这张表统计结果表明：杀人、伤害罪多在 4 月至 9 月之间，而杀人罪以 7 月至 9 月最多，伤害罪以 7 月至 8 月最多。显然，这是不足为凭的，因为它只是一年度的统计情况，具有偶然性。

②注意客观情况的变化。客观事物是不断发展的，概率的推算就不能一劳永逸，也要随着客观情况的变化作相应的调整。例如，青霉素等许多抗菌素药物，在其发明的当初，对许多传染病患者的治愈率是相当高的，被称为"特效药"，可是，后来随着细菌中能抗药的菌株迅速增多，那些特效药越来越不那么灵验了，抗菌素药物的治疗概率也应做及时调整。

由于概率归纳推理的结论提供的是统计规律性的认识，对我们从量的方面提高处理随机现象的能力，具有广泛重要的作用：如军事指挥员对新式武器命中率的了解，天气预报、地震预测预报、疾病的防治、市场预测、新产品的试制和生产等，都需要用到概率归纳推理。

8.5 统计归纳推理

由于概率归纳推理的结论提供的是统计规律性的认识，对我们从量的方面提高处理随机现象的能力，具有广泛重要的作用：如军事指挥员对新式武器命中率的了解，天气预报、地震预测预报、疾病的防治、市场预测、新产品的试制和生产等，都需要用到概率归纳推理。

8.5.1 统计归纳的概念

在研究统计归纳推理中，首先要弄清楚样本、抽样、平均数等基本概念。

1. 样本与抽样

什么是样本？所谓样本是指从被考察对象中抽取一部分对象组成的小类。被考察对象的全体称为总体。样本是从总体中抽取出来的，从总体中抽取样本的方法叫做抽样。在统计学中，将构成总体的每个个体对象称为个体单位；总体中个体单位的数目称为总体容量；样本所包含的个体单位数目称为样本容量。比如，质量管理部门要对某电视机厂生产的5万台彩电作质量评估，他们从5万台彩电中随机抽取500台，对其一一测试，然后统计，计算出各项指标，以此来评估整个5万台彩电的质量。在这个例子中，被考察的5万台彩电是总体；实际检测的500台彩电则是样本；从5万台中选出500台的方法叫抽样。显然，每台彩电就是个体单位；总体和样本的容量分别为5万和500个个体单位。

抽样方法的目的，是想通过对样本的研究，从样本所具有的特征，得出总体也具有这种特征。因此，在选样的过程中，要特别注意样本的代表性，选出能够代表总体的样本。

从理论上讲，样本的代表性与样本的容量是成正比的。样本的容量越大，样本的代表性越大；反之，就越小。比如，我们从某地调查几百个劳改释放后重新犯罪的人的情况，肯定比从几十个人中调查更有代表性。然而，由于总体中个体单位之间的情况不同，有些差异程度小，有些差异程度大。对象之间的差异程度越小，样本的代表性越大；对象之间的差异程度越大，样本的代表性越小。因此，不能单独从数量上保证样本的代表性，而且，受各方面条件的制约，样本在数量上总是有一定限制的。比如，要测定某种灯泡的使用寿命，因为试验是破坏性的，每只灯泡的使用寿

命一旦被测出,该产品也就报废了,故不能大量的选样试验。鉴于上述原因,即总体中个体单位之间的差异性及样本

在实际数量上的限制,因此,样本的代表性更重要的取决于抽样方法。

抽样方法要注意以下两点:

要做到随机抽样。就是运用随机的方法对总体的个体单位进行抽选,使每一个个体单位具有同样的机会成为样本的单位。随机抽样又称概率抽样,它与主观立意抽样是对立的。

若总体中的各对象差异较大,则应采用分层抽样的方法。即根据所研究问题的有关性质,把总体分成许多层(即许多小类)再从各层选取样本。分层取样时应注意,每层选取样本应是随机的,数量也应大致均衡。例如,某单位从国外订购的一大批各种型号的计算机出现质量问题,在索赔的过程中,为了确定受损的数目,先按型号把计算机划分为 P2 型、P3 型、P4 型等,然后再从各类中随机抽样,组成样本进行检测,以确定索赔的价款。显然,这种方法是建立在科学分组的基础上,选出的样本肯定是有代表性的。

2. 平均数

平均数是反映总体或样本各单位某方面中心位置的数值。

在运用各种选样方法时,经常会用到求统计平均数(即样本的平均数),统计平均数的种类较多,如算术平均数、调合平均数、几何平均数、加权平均数、中数等。比较常用的是算术平均数和加权平均数。

算术平均数是指样本单位数目之和与这些数据的数目之比值。设备样本单位的数据依次为 K_1,K_2,……,K_n,平均数为 $\overline{K}$,则样本的算术平均数为:

$$\overline{K} = \frac{K_1 + K_2 + K_3 + \cdots + K_n}{n} = \sum_{i=1}^{n} k_i$$

例如:某地区 1～6 月份发生的伤害案件的统计数据依次是:53 件、54 件、57 件、63 件、60 件、59 件。则该地区 1～6 月份伤害案件的平均数为:

$$\frac{53 + 54 + 57 + 63 + 60 + 59}{6} = 58$$

算术平均数适用于容量较小,数据值相差不大的一类样本。

加权平均数是指各样本单位数据与一定系数乘积之和与系数之和的比值。系数也称为权数。令相应的权数为 h_1,h_2,h_3……,h_n,则加权平均数可表示为:

$$\overline{K} = \frac{h_1 K_1 + h_2 K_2 + h_3 K_3 + \cdots\cdots + h_n K_n}{h_1 + h_2 + h_3 + \cdots\cdots + h_n} = \frac{\sum_{i=1}^{n} h_i k_i}{\sum_{i=1}^{n} h_i}$$

由公式可以看出,加权平均数是将权数考虑在内的算术平均数。例如:

某班的期末考试成绩的统计结果是:平均 90 分的 8 人、80 分的 15 人、70 分的 20 人、60 分的 5 人。在此,各档分数就是样本单位的数据,每档分数对应的人数就是权数,则这个班的总平均成绩是:

$$\overline{K} = \frac{8 \times 9 + 15 \times 80 + 20 \times 70 + 5 \times 60}{8 + 15 + 20 + 5} = 77$$

加权平均数适应这样的一类样本:它由数据接近的单位构成各个小类,而各小类单位的数目差距较大。

8.5.2　统计归纳推理的定义与种类

统计归纳推理是由样本所具有的数量特征推出总体也具有这种数量特征的推理。

按照推理的根据不同,统计归纳推理有两种常见形式,即基本形式和求平均数的形式。

统计归纳推理的基本形式是指由样本所具有的概率推出总体也具有这种概率的推理。

例如:从国外购进同一型号的一批汽车,这批汽车分三次到货。质检员从每次到货的汽车中随机抽取 100 辆,组成样本进行检测。结果表明:每一次抽取的 100 辆有 98 辆是合格的;第二次抽取的 100 辆有 97 辆是合格的;第三次抽取的 100 辆有 97 辆是合格的;也就是说,在经过检测的 300 辆车中,有 8 辆是不合格的,其合格率为 97.3%。据此推论:这批进口车的合格率为 97.3%。这就是统计归纳推理基本形式的具体实例,其推理形式如下:

S_1 是(不是)P;

S_2 是(不是)P;

S_3 不是(是)P;

……

S_n 不是(是)P;

S_1—S_n 是总体 S 中的样本;

N 中有 M 个是 P;

所以,凡 S 都有 M/N 的可能性是 P。

统计归纳推理的基本形式既运用了统计方法,又运用了概率的方法,它反映统计归纳推理最一般、最基本的情形,故由此而得名。从推理的结构形式来看,该推理形式除了样本的环节外,其余与概率归纳推理的结构无异。这恐怕也是不少逻辑书把统计归纳推理的基本形式等同于概率归纳推理的原因。

统计归纳推理的求平均数形式是指由样本的平均数量特征推出总体在该方面的平均数量特征的推理。

例如:某粮食部门接到举报,所属某粮店将霉变的面粉加工掺入好面粉售给市民,遂组成调查组,从该店现有的 2000 袋 10 万斤面粉中,按照面粉摆放的自然层数,每层随机抽取一袋,每袋 50 斤,共 10 袋组成样本进行检验,查出每袋掺入的霉变量是:5 斤、6 斤、4 斤、5 斤、6 斤、5 斤、4 斤、5 斤、5 斤、4 斤,那么,平均每袋的霉变量是:

$$\overline{K} = \frac{5+6+4+5+6+5+4+5+5+4}{10} = 4.9$$

据此推断:总体 2000 袋面粉平均每袋的霉变量为 4.9 斤,霉变总量达 9800 斤。

这是统计归纳推理求平均数形式的具体实例,它由样本所具有的平均数量特征推出了总体的平均数量特征。

设各样本单位依次为 S_1、S_2、S_3……S_n,所对应的数量分别是:P_1、P_2、P_3……P_n,则该推理形式为:

S_1 是 P_1;

S_2 是 P_2;

S_3 是 P_3;

……

S_n 是 P_n;

S_1、S_2、S_3……S_n 是总体 S 的样本;

P_1、P_2、P_3……P_n 是各样本的数量特征;

所以,S 的数量特征是 $\dfrac{P_1+P_2+P_3+\cdots\cdots+P_n}{n}$

求平均数的统计归纳推理,比较简单的仅用统计方法;比较复杂的既要用统计方法,又要用概率方法,它和基本形式的区别在于:一个着重考察样本的平均数量特征,另一个着重考察样本的概率特征。

统计归纳推理都是从样本过渡到总体的推理,具有不完全归纳推理的特征,即结论(总体)超出了前提(样本)断定的知识范围。归纳概率小于 1,因此,结论不是十分可靠的。但是,和简单枚举归纳推理相比较,又有明显的区别:简单枚举归纳推理在对某类对象的部分进行考察时,并没有对被考察对象进行试验和筛选,而以事件的重复和积累作为依据。统计归纳推理采取随机、分层等科学方法时,实际已对样本作了分类和初步研究,所以,统计归纳推理的结论比简单枚举法的可靠程度要高,而且比概率归纳推理的可靠程度也要高。

8.5.3　统计归纳推理应注意的问题及其作用

运用统计归纳推理,要注意以下条件:

选样要合理。样本的代表性直接关系到结论的可靠程度。样本的代表性越大,结论的可靠程度越大;反之,就越小,所以,首先要从抽样方法来保证样本的代表性,即要坚持随机原则和分层原则。特别是在司法工作中,涉及的是当事人双方的利益,要防止为了多索赔而抽高不抽低;或者为了少给付而抽低不抽高的主观立意抽样。同时,还应注意尽量加大样本的数量范围。

正确地运用统计数字。统计归纳推理是建立在正确的数字分析的基础上,因此,假如以为数不多的数据妄加推断,就会犯"轻率概括"的错误,比如,根据历史上某些年份冬天盗窃案的发案率较高,而得出"盗窃案都是冬天发案率高"的结论显然是有失偏颇的,因为社会学的统计数字是在一定的条件下做出的,不是一成不变的。

统计归纳推理的用途非常广泛,在司法工作中,尤其对那些负赔偿责任的案件,如大面积的烧毁森林、损害农田、鱼塘等,不可能得出十分精确的数据,只能借助统计归纳推理得出大致精确的数据。在日常生活的许多方面,如测定种籽发芽率,各种社会调查,森林估积,草原及农田估产,虫灾危害的估算,民意测验等都需要用到统计归纳推理。

8.6 类比推理

8.6.1 类比推理的定义与种类

类比推理是根据两个或两类对象的许多属性都相同或不相同,推出它们的其他属性也相同或不相同的推理。

按照推理的依据不同,类比推理分为正类比和反类比两种基本形式。

正类比推理是根据两个或两类对象许多属性都相同,从而推出它们的其他属性也相同的推理。

例如:我国明代的科学家宋应星,在探求声音的传播方式时,用水波来作类比。他说,物之冲气也,如其激水然。气与水,同一易动之物。以石投水,水面迎石之位,一拳而止,而其水浪以次而开,至纵横地犹未歇。其荡气也亦犹是焉。

这是一个正类比推理,宋应星把击物的声音与投石击水的纹浪进行类比,得出了声音在空气中是以波的形式传播的结论。

设 A、B 为两个或两类对象,其相同属性依次是:a、b、c 等,类推属性为 d,其一般推理的形式是:

A 对象具有 a、b、c、d 属性;

B 对象具有 a、b、c 属性;

所以,B 对象也具有 d 属性。

反类比推理是根据两个或两类对象都无某些属性,从而推出它们也无其他属性的推理。

例如:某火场发现一具死尸,经检验口腔、鼻腔、气管内,特别是细支气管和肺泡内没有烧伤过程吸入的烟灰、炭木等异物,气管、支气管粘膜及肺沦壁无充血、水肿现象,没有稠厚的浆液纤维渗出、血管内无透明的血栓形成等。经调查证实,这一尸体不是现场烧伤致死,而是死后焚尸的。当另一火场发现的尸体也有上述特征时,就可以推出该尸体也不是现场烧伤致死的。

这是一个反类比推理,其推理形式如下:

A 对象不具有 a、b、c、d 属性;

B 对象不具有 a、b、c 属性;

所以,B 对象也不具有 d 属性。

正类比和反类比是类比推理的基本形式,在此基础上,派生了类比推理的其他形式:例如,将正类比和反类比相结合,即根据两类对象都具有某些属性,从而推出它们也具有另一属性;又根据该两类对象都无某些属性,从而推出它们也不具有另一属性,这种推理称为合类比推理。再如,将模型与原型相比较:即从一个对象的属性、关系、结构和功能,通过模型的研究,推广到另一对象上,使它具有类似的属性、关系、结构和功能,这种推理称为模拟类比。又如,将对象之间的关系规律相比较,即:以两个对象系统之间某些因果关系或规律性相似进行推演,这种推理称为关系类比等等。

类比推理都具有如下的共同特征:

①作为推理前提所提供的是两个或两类对象的个别性知识命题,并且这两个或两类对象一定有某些相同点,因而可以比较。

②结论所断定的知识内容是前提中没有的,其结论超出了前提所断定的范围。因此,当前提为真时,结论未必真,正是在这个意义上,我们把类比推理看成了归纳推理。

8.6.2 提高类比推理结论可靠性的要求

类比推理的结论不一定是真实的,不完全可靠。

尽量增加比较对象之间的相同属性。前提中所比较的属性越多,结论的可靠程度越大。因为类比的属性越多,它们的类别越接近,类推的属性就有较大的可能成为两个类比对象所共有。例如,世界各国互相移植植物新品种时,总是选择和原产地水、土、气候等诸种因素大致相同的地区引种,相同的属性越多,移植的成功率越高。但是,使用这个条件时,也要加上必要的限制。因为从另一方面看,当类比的属性太多时,类比的启发意义也会随之减小。模拟理论认为,差别太大的模型可能导致谬误,但相当接近的模型又失去了模拟的意义。

类比属性与推出属性要有内在联系。在进行类比时,类比属性与类推属性的关系越密切,相关程度越高,结论的可靠程度就越大。如果达到本质的联系,结论就完全可靠了。否则,仅凭对象之间表面上的相同或相似,就类推其他属性,就要犯"机械类比"的错误。比如,基督教神学认为,宇宙是由许多部分构成的一个和谐的整体,而钟表也是由许多部分构成的一个和谐的整体,钟表有个创造者,所以宇宙也有一个创造者,它就是万能的上帝。显然,这个类比是错误的,因为类比属性与类推属性是不相干,没有必然联系的。要做到类比属性与推出属性之间有密切联系,就必须以对象的本质属性相类比,因为对象的本质属性之间是有密切关系的。

尽量寻找有无和推出属性相矛盾的属性,以防止不正确的类推。有时候尽管两个对象有很多共同的属性,但是待推的对象还有一些特殊的属性,它和推出属性是相矛盾的,就不能无视这些矛盾而得出结论。例如,把地球和月球相比,它们有很多的共同点:都是太阳系的行星,都是球形,都有自转、公转,上面都有空气等,地球上有高等动物,能不能推出月球上也有高等动物呢? 不能。因为月球上没有水,空气很稀薄,昼夜的温差很大,白天可达135℃,夜间

又降到零下 160℃。这些情况都不适合高等动物的生存。即这些情况是和推出属性明显相矛盾的,因此,就不能据此推出结论。

8.6.3　类比推理的作用

类比推理的结论虽然是或然的,但是,它在人们的思维实践和认识活动中具有十分巨大的意义。

类比推理是提供假说的重要途径。科学史上的许多重要的理论起初都是受到类比的启发得出的,如惠更斯的光波学说,是受到水波的启发,卢瑟福的原子模型假说,就是把原子结构和太阳系结构类比提出来的。再如,哈维的血液循环理论,达尔文的自然选择说,魏格纳的"大陆漂移"说,都是运用类比推理结出的硕果。

类比推理是创造发明的重要方法。借助类比推理常常会在两个相距甚远的对象之间撞出火花,结出丰硕之果。鲁班发明锯

子,得益于小草;奥恩布鲁格发明叩诊法,是从敲击木桶获得灵感;飞机、潜水艇的最初设计和制造,都是与飞鸟、游鱼类比受到启发的。另外,人们根据青蛙的眼睛能跟踪飞虫,制造出"电子蛙眼"跟踪天上的飞机和卫星,仿制人脑制造出电脑,无一不与类比推理有关。

类比推理还是论证的重要手段。人们在日常思维、法庭辩论和科学论证的过程中,往往需要为某种事实或理论作出辩护。其中之一就是类比式辩护,它的基本原理如下:如果某个事实或理论与另一事实或理论类似,其中之一是被证实或确证的,那么与之相似的另一事实或理论可由此获得某种支持。

现代自然科学和工程技术中广泛应用的模拟方法是类比推理的推广和应用。模型方法就是利用模型代替原型,利用对模型的研究间接认识原型的规律。例如,在三峡工程开工以前,为了解决泥沙淤积问题,专家们模拟各个河段的内部结构和外部条件做了许多模型。仅是重庆河段就做了 4 个,进行大型的泥沙物理模型试验,以取得各种技术参数,并以此为依据设计出解决泥沙淤积的合理方案付诸实施。这种由模型向原型过渡的类比推理可表示如下:

试验模型具有 a、b、c、d 属性;

研制原型具有 a、b、c 属性;

所以,研制原型也具有 d 属性。

现代工程技术不仅由试验模型类推到研制原型,而且也由自然原型的研究类推人工模仿系统,创造了一门仿生学。所谓仿生学,就是专门研究生物系统的结构和功能,并创造出模拟它们的技术系统。例如:长期以来,建筑师们为大型体育馆和礼堂顶层的技术问题而困扰,后来。从鸡蛋的外壳受到启发,它虽然很轻薄,却不易被捏破。由此发明了薄壳结构,用来建筑大型场馆和

礼堂,既美观大方,又省料实用。这种由自然原型向技术模型过渡的类比推理表示如下:

自然原型具有 a、b、c、d 属性;

技术模型具有 a、b、c 属性;

所以,技术模型也具有 d 属性。

参考文献

[1]熊立文.现代归纳逻辑的发展[M].北京:人民出版社,2004.

[2]陈波.逻辑学十五讲[M].北京:北京大学出版社,2008.

[3]邢滔滔.数理逻辑[M].北京:北京大学出版社,2008.

[4]帕特里克·赫尔利著.陈波等译.简明逻辑学导论[M].第 10 版.北京:世界图书出版公司,2010.

[5]雷曼著.杨武金译.逻辑的力量[M].第 3 版.北京:中国人民大学出版社,2010.

[6]蔡曙山.语言、逻辑与认知[M].北京:清华大学出版社,2008.

[7]鞠实儿等.面向知识表示与推理的自然语言逻辑[M].北京:经济科学出版社,2009.

[8]邹崇理,蔡曙山.自然语言形式理论研究[M].北京:人民出版社,2010.

[9]约翰·范本特姆著.刘新文等译.逻辑、语言和认知[M].北京:科学出版社,2009.

[10]斯坦哈特著.黄华新等译.隐喻的逻辑[M].杭州:浙江大学出版社.2009.